Nie mehr Strafe zahlen

Josef Kleindienst Henrik Linea

Nie mehr Strafe zahlen

So schlüpfen Österreichs
Kraftfahrer durch
die Lücken des Gesetzes

Verlag Kleindienst

ISBN 3-9501151-0-2

Impressum:
Verlag Kleindienst,
Eduard Klingerstraße 10/7/9
A-3423 St. Andrä-Wördern,
Tel.: 02242 / 38818, Fax.Dw: 18
Alle Rechte vorbehalten.
Nachdruck, auch auszugsweise verboten
Der Verlag Kleindienst ist ein Eigenverlag und dient der Veröffentlichung
von mehreren bereits geplanten Publikationen
www.straflos.at
Karikaturen: Hans Schönthaller
1. Auflage 1999
Druck: Paul Gerin, 2120 Wolkersdorf

Dieses Buch widmen wir unseren Kindern

Danksagung

Die Entstehung dieses Buches wäre nicht möglich gewesen ohne die tätliche Mithilfe folgender Personen:

Ella, Susi G., Mag. iur. Martin Machold, Erwin Fischer

Wir bedanken uns besonders bei unseren Frauen für die Geduld, die seelische Unterstützung und kritische Distanz zu unserem Werk.

Und bei all jenen Kollegen und Freunden, die uns aus Unzufriedenheit mit der Situation mit Tipps und Ratschlägen versorgt haben und die hier nicht genannt werden können. Oder wollen.

Inhalt

Einleitung	26
1. Gebot: Du sollst nicht an die Allmacht des Staates glauben	31
2. Gebot: Du sollst wissen, daß Du nicht als Melkkuh geboren bist	53
3. Gebot: Du sollst Dich nicht von der Gesetzesflut erdrücken lassen	67
4. Gebot: Du sollst den Amtsschimmel füttern	83
5. Gebot: Du sollst die Gesetzeslücken kennen – und nützen für Dich selbst	105
6. Gebot: Du sollst Deine ausländischen Freunde heiligen	113
7. Gebot: Du sollst nicht immer erreichbar sein. Oder: Wenn der Postmann keinmal klingelt	127
8. Gebot: Du sollst die Zeit heiligen	
9. Gebot: Du sollst Dir Freunde machen	145
10. Gebot: Du sollst beim Verkehrsrecht kein Gewissen zeigen	157
Anhang: Aus Opas Sammlung	179

Die handelnden Personen sind frei erfunden, Ähnlichkeiten mit Lebenden oder Verstorbenen sind rein zufällig und nicht beabsichtigt.

Solltest Du trotz unserer Sorgfalt einen Fehler in diesem Werk gefunden haben, freue Dich. Aber nicht zu früh, denn wir machen Dich hiermit darauf aufmerksam, daß dieses Buch vor allem nach unserer eigenen RECHTschreibung verfaßt wurde.

Die Autoren dieses Buches wissen, daß die hier dargestellten Schlupflöcher zur Straflosigkeit führen. Wir verstehen dies aber ausdrücklich nicht als Aufforderung an unsere Leser, strafbare Handlungen zu begehen. Vielmehr geht es uns um eine Darstellung der bestehenden Rechtslage.

Mein Wort zu diesem Buch

"Alle Bundesbürger sind vor dem Gesetz gleich. Vorrechte der Geburt, des Geschlechtes, des Standes, der Klasse und des Bekenntnisses sind ausgeschlossen".
Schön, was da so im Artikel 7 unserer Verfassung steht. Nur leider, es sind leere Worte - gerade im Verkehrsrecht.
In den 18 Jahren meiner Tätigkeit als Polizist habe ich viel gesehen und erlebt. Nicht alles hat mir gefallen. Besonders aber hat mich eines gestört: Die Verkehrsteilnehmer werden zunehmend dazu herangezogen, das leere Staatssäckel aufzufüllen. Der eigentliche Sinn von Kontrolle und Bestrafung, nämlich die Hebung der Verkehrssicherheit, ist längst verlorengegangen und mußte reiner „Abzocker"- Mentalität weichen.
Der beste Beweis dafür ist unser Verkehrsrecht selbst.
Es ist löchrig, unkontrollierbar, ungerecht und längst nicht mehr lebbar.
Zur Kasse gebeten werden jene, die sich zu wenig auskennen oder vor Behörden Angst haben. Oder die, für die Strafe zu zahlen fast schon eine staatsbürgerliche Pflicht darstellt.

Davonkommen tun jene, die es darauf anlegen. Jene, die Praxistauglichkeit des Strafsystems,

Effizienz der Vollziehung und Organisation der Verwaltung auf den Prüfstein legen. Was in den meisten Fällen mit Straflosigkeit endet.
Und wenn nicht: es gibt ja immer noch Justitia, die Gerichtsgöttin - auf einem Auge blind, über dem anderen die Binde.
Ich sehe dieses Buch als Dienst an der Bevölkerung und an meinen Kollegen, die von den Mißständen genauso betroffen sind.

Um gleich alle Zweifel auszuräumen: Ich bin mit meinem Wissen um die raffinierten Tricks und Wege, mit denen einige der Bestrafung entkommen, die Mehrheit dafür aber umso mehr zur Kasse gebeten wird, nicht gleich an die Öffentlichkeit getreten, nein.

Vielmehr liegt hinter mir eine lange Pilgerstrecke. Von Pontius im Parlament bis zu Pilatus bei den Autofahrer-Organisationen.
Was mich am meisten schockierte: die Schwächen unseres Systems, das Laufen-lassen-müssen der Raffinierten, der Trend zum Abzocken, das Melkkuhsyndrom – das alles ist bekannt. Und einkalkuliert.
Es wird halbherzig saniert, aber nicht neu angedacht, lieber drauflos gewirtschaftet.
Motto: „Die Dummen zahlen sowieso. Und derer gibt es ja genug." Und es läuft. Irgendwie. Österreichisch gelöst halt.
Vielleicht aber nicht mehr lange. Denn nun gibt es ja dieses Buch... J.K.

Vorwort des Co-Autors

Nie mehr Strafe zahlen.
Ein Buch über die gefinkelten Tricks, mit denen Autofahrer einer Bestrafung durch die Behörden entkommen.

Jetzt, wo es da ist, weiß jeder, daß so ein Buch längst gefehlt hat. Das es nur einmal einer schreiben mußte.

Für mich war schon lange klar, daß dieses Buch kommen mußte. Denn während sich einige wenige Autofahrer der Strafe systematisch entziehen, muß das Gros der autofahrenden Bevölkerung umso mehr bezahlen. Das ist ungerecht - und straft den Gleichheitsgrundsatz in unserer Verfassung Lügen. Das kann nicht ewig so weiter gehen.

Nur – wer schreibt so ein Buch?
Vielleicht ein Journalist, der aus der täglichen Berichterstattung eine Seite der Medaille kennt, klar.
Aber wer kennt die Lage aus der Praxis, wer hat tagtäglich mit dieser Materie und ihren Auswirkungen auf Volk und Staat zu tun?

Richtig, ein Polizist. Ein Polizist, der der Diskrepanz zwischen Gleichheit und Recht nicht länger tatenlos zusehen will. Und dem es uner-

träglich ist, daß seine Kollegen von Ordnungshütern immer mehr zu Melkmaschinen degradiert werden.
Ein Polizist wie Josef Kleindienst.

Als ein aktueller Fall uns beide schließlich an einen Tisch brachte, war es nur noch eine Frage der Zeit, bis dieses Buch entstand.

H.L.

Die Hauptpersonen
in diesem Buch

Rudolf Straflos senior

ist ein Angestellter in den besten Jahren. Als typischer Österreicher ist ihm Hektik eher fremd. Er sieht gern fern, ist gutem Essen und Trinken nicht abgeneigt. Mit sportlichen Aktivitäten hat er es nicht so. Er verbringt seine Freizeit am liebsten daheim. Oder im Waldviertler Wochend-Domizil. Oder beim Campen am Plattensee. Jedenfalls aber im Kreis der Familie. Einerseits weil es nicht mehr lang dauert, bis die Kinder flügge sind; andererseits natürlich, um im Notfall die richtige Vorgangsweise zu besprechen – wie zum Beispiel den kleinen Widrigkeiten des Verkehrsalltages zu entkommen ist.

Rudolf Straflos junior

Der blitzgescheite Jus-Student ist das Rückgrat des Straflos'schen Verteidigungswalls. Im Studium kommt er nur langsam weiter, weil er ständig seinen Kopf beim Verkehr hat. Nicht (nur) wegen seiner bildhübschen Freundin Monica, sondern auch weil ihn die Materie Verkehrsrecht einfach fasziniert. Ständig schmökert er in den neuesten höchstgerichtlichen Entscheidungen, liest über Einsprüche und Berufungen, ist immer auf der Höhe der aktuellen Rechtslage. Manchmal vergißt er alles ringsum, wenn er vor einem seiner Bücher sitzt und ganz vertieft ist. "Ganz der Opa", sagt dann seine Mama.

Emma Straflos

die gute Seele der Familie. Sie weiß, daß "ein ordentliches Essen Leib und Seele zusammenhält"; und eine stabile Basis daheim der Grundstock für ein gesundes Familienleben ist. Dementspechend achtet sie auch darauf, daß zu Hause alles gut läuft. Mit den Behörden kommt sie kaum in Konflikt. Einerseits ist sie eine besonnene Autofahrerin, andrerseits hat sich so manches, was ihre Männer daheim besprechen, bei ihr eingeprägt. Und das wendet sie souverän an. Das Wort Emanzipation ist ihr recht fremd, was sie aber nicht daran hindert, daheim die Zügel zu führen; und ihre Tochter für deren Selbständigkeit und Sicherheit zu bewundern.

Susi Straflos

die hübsche Tochter des Hauses, ist ein lebenslustiges, gescheites Mädel. Sie weiß, was sie will und freut sich schon auf die Herausforderungen des Lebens. Auch wenn sie schon ein paarmal einen Märchenprinzen am Teststand geprüft hat, der richtige war noch nicht dabei. So wohnt sie immer noch daheim, ist immer noch Nesthäkchen. Und steht kurz vor der Führerschein-Prüfung. Außerdem wünscht sie sich eine Reise nach Paris und einen metallic-blauen Honda Prelude.

Opa Straflos

Der alte Rudolph Straflos, Amtsdirektor i. R., ist ein echtes Original. Geistig voll auf der Höhe, überrascht er die Familie immer wieder mit seiner Energie. Und Außenstehende mit seinem seltsamen Hobby: Er sammelt nämlich amtsdeutsche Formulierungen in Österreichs Gesetzen – wie andere Leute Briefmarken. Weil er da auch jedes Jahr neue Prachtstücke dazu kriegt, wie er sagt. "Das Verkehrsrecht ist traumhaft", meint er. "Da tut sich was, das ist so lebendig. Immer wenn man glaubt, man kennt schon alles, ist wieder was neues dabei." Und deshalb prüft er nicht nur Susi regelmäßig ab, sondern kümmert sich auch öfter um ...

Leo "Lucky" Straflos

Bruder von Rudolf Straflos senior. Er ist ein Lebenskünstler wie er im Buche steht; sieht die Welt immer von der heiteren Seite. Was ihm leicht fällt, hat er doch ständig einen in der Krone. Wein, Weib und Gesang - da hat er Glück, daß er der Onkel von Rudi Straflos junior ist. Denn bei seinem Lebenswandel kommt es recht häufig vor, daß er in unliebsamen Kontakt mit der Obrigkeit kommt. Da muß man schon ab und zu auf das Know-how des Neffen zurückgreifen.

Inspektor Eintreib

will endlich Exekutivbeamter des Jahres werden. Ist fest davon überzeugt, dies durch einen Rekord an Anzeigen zu erreichen. Er ist Tag und Nacht auf der Jagd nach Verkehrssündern. Jede neue Vorschrift empfängt er mit Begeisterung, sie wird von ihm sofort an der nach oben offenen "Eintreib-Skala" auf Kontroll- und Schikanentauglichkeit geprüft. Sein Privatleben sieht eher dürftig aus. Seine letzte Freundin hat ihn vor die Tür gesetzt und gegen einen Plüschhund ausgetauscht. "Der ist wenigstens körperlich anwesend, wenn ich wen zum Reden brauche", hat sie gesagt, ehe sie die Türe ins Schloß donnerte. Inspektor Eintreib wird es noch weit bringen im Polizeiapparat. Nicht so wie ...

Inspektor Ehrlich

ein Polizist mit Leib und Seele. Er gehört zur Kategorie "Freund und Helfer." Er sieht die Problematik unkontrollierter Gesetzesflut und hinterfragt schon mal die Sinnhaftigkeit neuer Vorschriften. Ihm mißfällt der Trend zum Abzocken der Kraftfahrer und daß die Hebung der Verkehrssicherheit längst nicht mehr im Vordergrund steht. Seine Freundin ist Landschaftsmalerin, was zwar hilft über den Schrebergartenzaun des Beamtentums hinwegzusehen, das Besprechen dienstlicher Sorgen aber nicht leichter macht. Was er laut Dienstvorschrift aber eh nicht darf. Wie weit er Karriere bei der Exekutive machen wird, ist fraglich.

Strafreferent Fritz Absolut

Nimmt seine Sache ernst. Und genau das ist auch sein Schicksal, mit dem er entsprechend oft hadert. Die Schwächen im Recht, die Probleme in der Vollziehung und die Unvollkommenheit der Verwaltung machen ihm schwer zu schaffen. Weil er so viel hackelt, hat er kaum Freunde. Und Laster hat er sowieso keine. Vom Rauchen einmal abgesehen. Und von der Ilona. Aber mit der ist das auch so eine Sache. Jedenfalls steht eines fest: wäre er nicht ein echter Absolut, so müßte er sich längst dem Wodka ergeben. Dem echten.

Einleitung

Du kommst im Weihnachtstrubel total gestreßt und bepackt zum Auto - und hinter dem Scheibenwischer steckt ein Strafzettel.
Nur einen Sprung in der Parfümerie bist Du noch gewesen, nicht einmal zehn Minuten warst Du weg – höchstens sieben; und die auch nur, weil gerade eine Schlange vor der Kassa wartete.
Und jetzt hälst Du neben dem Parfüm für Mama auch eine ganz andere Bescherung in den klammen Händen.
Schönen Gruß vom Staat.
"Schönen Gruß vom Krampus hätten's genauso drauf schreiben können" denkst Du. Und ärgerst Dich, wenn Du hochrechnest, daß das Parfüm im " Weihnachts-Sonderangebot " nun doch nicht mehr ganz so billig gekommen ist.

Andere Verkehrssünder machen es sich da leichter.

Herr Straflos senior zum Beispiel:
Auch er hat einen Strafzettel bekommen. Doch er sitzt gemütlich im Wohnzimmer, spült den letzten Bissen Weihnachtskarpfen mit

einem Schluck guten Weines hinunter. Dann lehnt er sich genüßlich zurück.
Und schaut zu, wie Mama Straflos ihre drei gleichen, neuen Parfümflaschen nebeneinander aufreiht (das Weihnachts-Sonderangebot haben wohl mehrere gelesen ...).

"Du Rudi", sagt er zu seinem Sohn. "Es ist wieder einmal soweit. Ein Strafzettel – Falschparken."
"Mmmh", brummt Straflos junior. Er ist in die Erläuterungen eines neuen Gesetzbuches vertieft, das er von seinem Opa zu Weihnachten bekommen hat. "Was hast gesagt?"
"Die Monica hat angerufen und für morgen abgesagt!"
"Mmmh. Äh, was?", schreckt der Junior plötzlich hoch. Und blickt in das breit grinsende Gesicht seines Vaters.
"Nur ein Scherz, Rudi."
"Ha, ha, sehr witzig."
"Im Ernst, wie machen wir das wegen dem Strafzettel."
"Ganz normales Halteverbot?"
"Ja, ich denke schon."
"Na, dann ist es eh ein Standardfall, kein Problem. Mach es mit dem Zustelltrick. Oder mit der Zeitkomponente. Oder weißt was? Ich rufe den Joszef in Budapest an, ich wollte ihm sowieso schöne Weihnachten wünschen."

Wer jetzt nicht weiß, was Rudi seinem Vater

da eben geraten hat, wird im Laufe dieses Buches bald klarer sehen.
Und wer wissen will, was denn der Joszef damit zu tun hat, daß Vater Straflos einen Strafzettel bekommen hat, kann das im Kapitel "Liebe Behörde und Behördinnen" nachlesen.

Eines ist aber jetzt schon offensichtlich: Wegen der offenen Strafe macht sich die Familie Straflos wenig Sorgen.
Denn sie kennt das Gesetz, vor allem dessen Schwächen.
Sie gehört zu den Schlupfloch-Experten.
Wie viele andere kleine und größere Verkehrssünder in Österreich auch.
Und alle haben sie eines gemeinsam:
Sie beherzigen die "Zehn Gebote des straflosen Kraftfahrers."
Und zahlen seit Jahren keine Strafe.

1. Gebot
Du sollst nicht an
den Staat als
Allmächtigen glauben.

So lautet das erste dieser zehn Gebote, mit denen Autofahrer in Österreich die Behörden schachmatt setzen.

Schachmatte Behörden?
In Österreich, einem Land, wo alles bis ins Letzte gesetzlich geregelt und mit Vorschriften doppelt und dreifach abgesichert ist?

Ja, richtig gelesen.
Gerade diese Flut an Gesetzen und Richtlinien ist es nämlich, die das österreichische Recht so verwundbar macht.
Vor allem das Verkehrsrecht, das ja bei uns besonders sensibel ist.
Für den Staat, weil Österreichs Kraftfahrer zu seinen wichtigsten Einnahmequellen gehören.
Und für die Bürger, weil ihnen ihre Fahrzeuge und deren Benützung heilig sind.
Das Verkehrsrecht, unzählige Male novelliert und überarbeitet, strotzt geradezu vor Fehlern, Lücken und Ungenauigkeiten.
Einiges ist unlogisch, anderes absurd. Manches sogar rechtswidrig:

Was würdest Du etwa sagen, lieber Autofahrer, der Du einmal bestraft wurdest, weil Du an einem unbeschrankten Bahnübergang nicht angehalten und Dich überzeugt hast, daß kein Zug naht. Und Du halt drübergerollt bist, weil

man eh kilometerweit ausgesehen hat.
Was würdest Du also sagen, wenn Du wüßtest, daß die österreichische Gendarmerie 30 Jahre lang widerrechtlich Verstöße gegen die Eisenbahnkreuzungsverordnung geahndet hat?

30 Jahre lang, noch bis vor etwa neun Jahren, haben Österreichs Grauröcke hier gestraft - ohne gesetzlich dazu ermächtigt gewesen zu sein (übrigens hat das Innenministerium jahrelang vorsorglich auch den Gendarmen verschwiegen, daß sie gar nicht kassieren dürfen). Man wollte dem Finanzminister offenbar das Geschäft nicht verderben.

Die Polizei hat hingegen in solchen Fällen zu Recht kassiert, die war nämlich vom Gesetzgeber ausdrücklich dazu ermächtigt worden.
Ungeachtet dessen, daß sich am Land wohl weit mehr Berührungspunkte mit der Eisenbahnkreuzungsverordung ergeben können.
Unfehlbarer Staat?

30 Jahre lang hat die Gendarmerie widerrechtlich kassiert

Traumhaft

Inspektor Eintreib: "So, na dann gehn wir's einmal an. ZeigenS' mir einmal, ob die Scheibenwaschanlage funktioniert."
Straflos senior: "Die funktioniert. Wollen Sie die jetzt wirklich überprüfen?"
Eintreib: "Natürlich, sonst würd' ich's ja net sagen, net wahr. Also bitte, schön draufdrücken, ja. Und jetzt den Scheibenwischer.

Scheibenwischer und -waschanlage darf überprüft werden

Naja, der Gummi könnte auch einmal ausgetauscht werden."
"Der ist doch ganz neu, das Auto war erst beim Service."
"Neu? Geh tunS' mir net weh. Da schauenS' einmal her, was der für Flecken überläßt."
"Aber das sind doch Ihre Fingerabdrücke..."
Eintreib fällt ihm ins Wort: "Gummi tauschen lassen, hab' ich gesagt. Und redenS' net immer so g'scheit zurück. Ich bin das kontrollierende Organ und net Sie. Oder simma da anderer Meinung?"
Straflos junior schaut ungläubig zu Eintreibs Kollegen, Inspektor Ehrlich. Aber der ist ein paar Schritte weggeschlendert, betrachtet angelegentlich seine Fingernägel.
Inspektor Eintreib hingegen geht ächzend in die Hocke ("Soooodawassa.") und betrachtet ganz genau das Vorderrad: "Was hamma denn da für eigenartige Reifen. Aha, sehe schon, runderneuerte. Sparprogramm, net wahr, hahaha."
Herr Straflos: .".."
Inspektor Ehrlich betrachtet am Horizont etwas offenbar unglaublich Interessantes.
Inspektor Eintreib steht langsam auf und grinst Herrn Straflos lauernd an: "Also gemäß Gesetz muß auf der Seitenwand des Reifens vollständig sichtbar, dauernd gut lesbar und unverwischbar angeschrieben sein der Name oder die Marke des Runderneuerers. Dazu die Größenbezeichnung, Tragfähigkeitskennzahl

und Geschwindigkeitskategorie sowie das Jahr der letzten Runderneuerung und die Zahl der Runderneuerungen insgesamt, der DOT-Datumscode des ursprünglichen Reifens und als Kennzeichnung der Reifenerneuerung das symbolisierte 'R' mit dem folgenden Wortlaut 'runderneuert' oder 'retreated' oder 'remould'."

Was alles auf einem runderneuerten Reifen stehen - und lesbar sein muß...

Eintreib hält inne, um Luft zu holen. Straflos und Ehrlich starren ihn mit offenem Mund an.

"Außerdem natürlich das Genehmigungszeichen und die Prüfnummer." Er schaut kurz nach unten. "Das sind eh keine Matsch- und Schneereifen, nein. Sonst bräuchten sie die entsprechende Kennzeichnung. Jedenfalls aber brauchenS' alle zusätzlichen Angaben, die für die Montage oder bestimmungsgemäße Verwendung erforderlich sind."
Inspektor Ehrlich kneift die Augen zusammen, reibt sich die Nase.
Straflos schüttelt den Kopf und wischt sich den Schweiß von der Stirn
.".. und außerdem muß erkennbar sein, daß der Reifen zum Zeitpunkt der Runderneuerung nicht älter als sechs Jahre war. Na, Herr Straflos, wie schaumma da aus?", sagt Eintreib.
Straflos wischt sich wieder den Schweiß von der Stirn, weiß nicht was er sagen soll.
Eintreib triumphierend: "Na, sehenS'. Jetzt ist es nix mehr mit'n Zurückreden, gelt. Da sind

wir ratlos, Straflos. Net wahr?"
Straflos senior verschränkt die Arme, lehnt sich an sein Auto.
Inspektor Eintreib: "Nur keine Müdigkeit vorschützen. Zuerst reinigenS' die Reifen, damit ich das alles lesen kann."
"Aber die sind doch voll Gatsch."
"Was heißt, die sind voller Gatsch. Hör dir den an, Kollege. HabenS' nicht aufgepaßt in der Fahrschule, Herr Straflos? Die Kennzeichnung muß dauernd gut lesbar sein. Für den Gesetzgeber gibt's kann Gatsch. Oder habenS' im Fernsehen schon gesehn, daß im Parlament ein Gatsch liegt."
Straflos verwirrt: "Im Parla..."
"Nicht ausfällig werden gegen unser Parlament, net wahr. Sonst kontrollier ich gleich noch die Motor- und die Fahrgestellnummer. Genau, ja, machenS' einmal die Motorhaube auf."
"Aber die Motornummer ist sicher nicht lesbar, ist sicher schmutzig und voll Öl."
"Voller Öl, schmutzig? HabenS' was in die Ohren oder schon vergessen seit der Fahrschule? Die Motornummer muß auch jederzeit gut lesbar sein. Wenn Sie die gleich abwischen, seh ich noch einmal von einer Bestrafung ab."
Herr Straflos, verschwitzt und nervös, schaut sich hilflos um. Inspektor Ehrlich hat sich inzwischen ins Streifenauto gesetzt („Wieso teilen sie mich immer mit dem Eintreib zu Streife ein?").

Auch die Motornummer muß jederzeit gut lesbar sein...

Inspektor Eintreib: "Was heißt, sie fahrn zu einer Hochzeit und haben keinen Fetzen mit. Dann nehmenS' halt den Rock der Frau Gemahlin, der is ja eh nur ein Fetzen. Oder den Hund, der is eh so schön wuschelig und fettsaugend, net wahr. Uha ha haaah...!."

".. aah!" Herr Straflos senior sitzt senkrecht im Bett. Sein Pyjama ist ganz verschwitzt. "Was ist denn", fragt seine Frau, die auch aus dem Schlaf geschreckt ist.
"Ich hab' einen schrecklichen Traum gehabt", sagt Herr Straflos senior. "Schlaf weiter, Schatz." "Mmmh", macht seine Frau, ist schon wieder im Traumland.
Straflos legt sich wieder hin.
"Was für ein irrer Traum", denkt er. "Scheibenwaschanlage, Motornummer, Reifenbeschriftung..."
Er dreht sich auf die Seite: "Ist das Gesetz wirklich so unmenschlich formuliert? Dürfen Exekutivbeamte wirklich so schikanieren? Muß gleich morgen früh den Junior fragen", nimmt er sich vor.

Beim Frühstück ist die Sache schnell beantwortet. "Das Gesetz ist wirklich teilweise so weltfremd und unmenschlich geworden", sagt Rudi Straflos junior. Sein Vater nippt nachdenklich am Frühstückskaffee. "Und Beamte dürfen alles machen, was nicht verboten ist."
"Nein Papa, sie dürfen nur alles machen, was

ausdrücklich erlaubt ist. Das ist ein großer Unterschied."

Vor allem aber muß der Gesetzgeber überhaupt erst die Beamten zuständig für die diversen Vorschriften machen. Durch Fehler des Gesetzgebers kommt es damit zu absurden Rechtsunterschieden.

> Beamte dürfen nur machen, was ausdrücklich vom Gesetz erlaubt ist.

Nehmen wir etwa das beliebte Reservieren von Parkplätzen mit Kisten, Sesseln, Ziegeln und Balken in der Stadt. Auslöser für erbitterte Fehden und Privatkriege (rechtschutzversicherter) Verkehrsteilnehmer. Wie oft wird hier die Polizei geholt.

Doch die ist nicht zuständig, weil vom Gesetzgeber nicht ermächtigt.

Am Land hingegen, wo Parkplätze erfahrungsgemäß weit häufiger anzutreffen sind, ist die Exekutive (sprich Gendarmerie) laut Gesetz sehr wohl zuständig.

> Für Parkplatzkriege ist die Polizei nicht zuständig. Die Gendarmerie schon...

Gleiches gilt für Anzeigen gegen Zettelverteiler und Zeitungsverkäufer auf der Fahrbahn oder auch Werbezettel hinter der Windschutzscheibe - nur die Gendarmerie ist hier berechtigt worden amtszuhandeln.

> Gleiches gilt für Zettelverteiler und Zeitungskolporteure

Wenn ein Paragraph
ein Lackerl macht

Straflos junior und seine Schwester Susi fahren auf dem Treppelweg neben der Donau mit ihren Fahrrädern hin und her. Neben ihnen trabt "Paragraph", ihr treuer Mischlings-Hund; glücklich über den Auslauf. Eine Anrainerin hat schon mehrmals über den Zaun gegiftet ("Do is Fahrverbot, kennt's net lesen, ihr Fratzen. Und den Hund nehmt's a endlich an die Leine. Der grabt mir ja meine Dahlien im Vorgarten aus.")

Schließlich holt sie die Gendarmerie. Der Herr Inspektor murmelt etwas vom Fahrverbot. Gelassen hört sich Straflos junior an, was der Beamte zu sagen hat, sieht zu, wie der den Kuli zückt und sagt dann höflich: "Entschuldigen Sie, sind Sie ein Straßenaufsichtsorgan?"
"Ja, warum?", fragt der Inspektor fast beleidigt zurück.
"Na, weil die Treppelwege der Wasserstraßen-Verkehrsordnung unterliegen. Organe der Straßenaufsicht dürfen auf Treppelwegen nicht einschreiten, denn es handelt sich dabei nicht um eine Straße mit öffentlichem Verkehr. Außerdem sind Radfahrer hier sowieso vom Fahrverbot ausgenommen, außer sie beeinträchtigen die Schifffahrt."

Auf Treppelwegen dürfen Straßenaufsichtsorgane nicht einschreiten

> Leinen- und Beißkorbpflicht sind am Land eine Sache der Gemeindeverordnung. Die Gendarmerie ist da nicht zuständig.

Der Inspektor schaut verblüfft. Dann erhellen sich seine Gesichtzüge und er sagt bestimmt: "Aber der Hund."
"Der Hund?", fragen Straflos junior und seine Schwester wie aus einem Mund.
"Ja, der gehört an die Leine. Und eurer rennt frei herum. Das kostet."
"Entschuldigen Sie, Herr Inspektor", sagt Rudi Straflos, rückt seine Brille zurecht und klopft dem fröhlich hechelnden "Paragraph" auf den Rücken. "Leinen- und Beißkorbpflicht sind am Land eine Sache der Gemeindeverordnung. Die Gendarmerie ist da nicht zuständig. Weder für Intervention noch für Bestrafung. Und übrigens, Herr Inspektor, wissen Sie eigentlich, daß es in jeder Gemeinde eigene Bestimmungen darüber gibt, wie man jeweils die Hunde zu führen hat...?"

Der Inspektor weiß es natürlich – und ist auch nicht glücklich darüber. Wer eine Donauufer-Fahrradtour von Hainburg nach Passau unternimmt und seinen Hund mitnimmt, müßte auf der ganzen Strecke in jeder einzelnen Gemeinde andere Vorschriften, betreffend Leine und Beißkorb, beachten. Abgesehen davon, daß er ja gar nicht weiß, in welchem Gemeindegebiet er gerade radelt...
Und Rudi Straflos junior hat seinem Familiennamen jedenfalls wieder alle Ehre gemacht.

Genauso absurd: die Gendarmerie kontrolliert - sogar mit Planquadraten - Busse im Zuge des sogenannten Gelegenheits-Verkehrsgesetzes, aber auch nach dem Kraftfahrliniengesetz. Darunter fällt alles mögliche: von Kontrolle des Rauchverbotes und der 0,0 Promille-Grenze für Buslenker bis hin zur Reinigung des Busses. Zweifellos wichtige Bestimmungen. Die erfüllt - und kontrolliert - werden müssen. Nur: die Gendarmerie ist nicht dazu ermächtigt worden, solche Kontrollen vorzunehmen! (Die Polizei hingegen darf hier wieder einmal einschreiten, sie ist im Gesetz ausdrücklich genannt).

Mit Planquadraten gegen Buslenker - die Gendarmerie ist nicht dazu ermächtigt worden...

Gendarmen, die Taxilenker nach der Betriebsordnung kontrollieren, nach Taxilenker-Berechtigungen fragen usw. handeln genaugenommen ebenfalls widerrechtlich.
Denn auch hier sind sie nicht dazu im Gesetz

Gleiches gilt bei Taxlern

41

ermächtigt worden. Wieder hat das Parlament auf die grau-uniformierten Gesetzeshüter vergessen; die Polizei hingegen ermächtigt.

Die Polizei kontrollierte bis 1998 widerrechtlich nach dem Güterbeförderungsgesetz

Die Polizei war übrigens dafür beim Güterbeförderungsgesetz bis 1998 nicht zuständig. Wieviele Kontrollen - und damit verbundene Bestrafungen - in den letzten Jahren aber trotzdem im Zusammenhang mit diesen Bestimmungen erfolgt sind, darüber schweigen sich ministerielle Erfolgsstatistiken vorsorglich aus.

Und manches ist zum Lachen, wenn es nicht so traurig wäre:

„Ausgenommen Anrainer" gilt.

„Ausgenommen für Anrainer" gilt nicht.

Wußtest du, lieber Autofahrer, daß das Fahrverbot mit der Zusatztafel "Ausgenommen Anrainer" ganz normal gilt.
Die ebenso häufig verwendete Tafel "Ausgenommen für Anrainer" ist hingegen unzulässig und gilt daher nicht.
Warum? Das weiß keiner, aber ein Höchstgericht hat so entschieden.

In Wien darf man betrunken Rollerskaten. In Nö nimmt man Dir sogar die Skates weg

Oder: Ein alkoholisierter Rollerskater wird in Wien nicht bestraft. Weil die Gemeinde das nicht im Verordnungsweg festgelegt hat.
In Niederösterreich dagegen sehr wohl - hier hat es sogar schon eine Amtshandlung gegeben. Inklusive Abnahme der Skates ...

Unlogisch? Auch.
Vor allem aber ist es unfair.
Wo ist er denn, der Verfassungsgrundsatz: "Jeder Bundesbürger ist vor dem Gesetz gleich".

Letztlich ist das alles nur Schlamperei des Gesetzgebers. Ungenauigkeiten in den Vorschriften, die Österreichs Autofahrer jahrelang ausbaden dürfen. Und die jene, die die Löchrigkeit des Systems erkannt haben, ebenso lange schon ausnützen, um straflos zu bleiben.

Sehr oft sind auch notwendige Vorschriften

und wichtige Bestimmungen bis zur Lächerlichkeit hin unwirksam, weil schlecht oder unvollständig formuliert oder durchdacht.

Das LKW-Überholverbot

Volles Haus bei der Familie Straflos. Onkel Leo "Lucky" Straflos ist da. Und er hat einen Kumpel mitgebracht, den Ede.
Ede ist Fernfahrer mit Leib und Seele. Ganz Europa hat er schon befahren, einmal ist er sogar bis Kuwait gekommen. Wohnen tut er überall und nirgends, wie er sagt. Weil er eigentlich in seinem Truck wohnt, einem riesigen Sattelschlepper. Auf den ist er mächtig stolz, so als wäre es sein eigener. Vorne ziert ein auffälliges "Ede"-Blechschild das Cockpit, hinten der Aufkleber: "Meiner ist 18 Meter lang."
Nach ein paar Flaschen Bier hat sich Ede an die ungewohnte häusliche Atmosphäre bei der Familie Straflos gewöhnt und taut langsam auf.

Er erzählt ein paar Truckergeschichten, ein bißchen Fernfahrer-Latein und Heldentaten von früher, wie er noch jung war. "So wie der Ruderl jetzt ungefähr. Na, wir haben da am Samstag in der Disco vielleicht immer die Puppen tanzen lassen. Und die Kieberei."

Gelächter.
Ede weiter: ".. und wie die uns dann endlich angehalten haben, sind wir alle auf den Rücksitzen oder am Beifahrersitz gesessen. Nein, Herr Inspektor, wir können uns einfach nicht mehr erinnern, wer gefahren ist. Oder wir haben gesagt, wir alle sind gefahren, Herr Inspektor, dürfen wir auch einmal ins Röhrl blasen."

Kein Witz: Alle am Rücksitz, "keiner ist gefahren". Oder "alle sind gefahren".

Ede und Onkel Leo brüllen vor Lachen, die anderen lächeln höflich, Rudi Straflos junior hört eher gelangweilt zu.

Dann aber kommt Ede auf Strecken, Zeiten und den Druck der Frächter zu sprechen. "Eh schon so unter Streß. Und dann gibt's auch noch dieses verfluchte Überholverbot für LKW", wettert er.
Straflos junior setzt sich interessiert auf: "Was ist damit, Ede?"
"Na, was glaubst, wie uns das aufhält, wenn wir hinter irgendso einer Russenschüssel ewig lang her fahren müssen, weil's das Überholverbot gibt. Oder das Fahrstreifenverbot für LKW, wie auf der Südosttangente in Wien."
"Wo liegt das Problem?", fragt Rudi.
"Oider, verstehst des net?"
"Nein."
Ede wechselt einen Blick mit seinem Freund Leo, der wohl heißen soll: „Das hast davon, wennst mit an G'studierten redst."

Strittig: Überholverbot für Sattelschlepper und Spezial-KFZ gilt nicht. Weil sie keine LKW sind.

"Soviel ich weiß", sagt Rudi, der den Blick wohl bemerkt hat, was ihn aber kalt läßt, "ist das doch ein Überholverbot für LKW auf der Autobahn, wie Du schon richtig gesagt hast."
"Ja, na sicher. Und?", fragt Ede mißtrauisch
"Das gilt ja nicht für Sattelschlepper und Spezialkraftfahrzeuge, denn die gelten laut Begriffsbestimmung nicht als Lkw. Das gleiche beim Fahrstreifenfahrverbot auf der Wiener Südost-Tangente und beim Nachtfahrverbot."
"Was? Stimmt das? Da könnte ich ja voll vorbeipreschen und keiner kann mich strafen!"
"Ja, so unglaublich es klingt. Aber so ist es. Und auch wenn diese Ansicht noch strittig unter den Spitzenjuristen ist - ein Musterprozeß wird das leicht klären", sagt Rudi.
Und dann erklärt er Ede und den anderen die weiteren Absurditäten zu diesem Thema:

Auf Transitautobahnen wurde das LKW-Nacht-Tempolimit von Behörden sogar erhöht.

Daß etwa auf Transit-Autobahnen wie Pyhrn und Tauern generell bei Nacht für LKW eine Beschränkung von 60 km/h (und 110 km/h für PKW) gilt. Die dort örtlich durch Tafeln verhängte "Beschränkung" auf 80km/h für den Lkw damit aber sogar eine Hinaufsetzung der gesetzlich erlaubten Geschwindigkeit ist!
Und daß das Wochenendfahrverbot zwar dezitiert auch für Sattelschlepper gilt. Auf die Spezial-Kfz aber hier wieder vergessen wurde.

"Das LKW-Überholverbot gilt übrigens auch nicht bei einer Kolonne", erklärt er zum Schluß.

"Fahren auf der ersten Spur bereits drei Fahrzeuge hintereinander und ein Brummi zischt vorbei, gilt das nämlich als Vorbeifahren mit unterschiedlicher Geschwindigkeit. Und nicht als Überholen."
Ede johlt vor Vergnügen. Der Bursch hat was drauf. Haben wir ihn doch nicht umsonst studieren lassen.
"Aber, sag mir eins, Ruderl. Ist das auch sicher?"
"Todsicher", sagt Rudi. Und denkt an die Motorrad- und Kleinwagenfahrer, die – eingekeilt zwischen Fahrzeugreihen von straflos überholenden und dahinbrausenden Trucks – um ihr Leben fahren.

LKW-Überholverbot gilt nicht bei einer Kolonne. Dann ist es nämlich "Vorbeifahren"

Die Freisprech-Einrichtungspflicht

So wichtig diese Vorschrift angesichts der unkontrolliert fahrenden Handytelefonierer auch ist - sie ist nicht überprüfbar.
Weil nicht beweisbar.
Die einschreitenden Beamten können nur auf schlechte Gewissen und Geständnisfreudigkeit der Lenker hoffen.
"Aber", werden jetzt jene einwenden, die schon viel von Überwachungsstaat und Lauschangriff gelesen haben. "Man kann doch heute den Standort eines Mobiltelefonierers nahezu auf den Meter genau eingrenzen. Sogar noch Monate später kann man mit der Auswer-

Freisprech-Einrichtungspflicht ist nicht überprüfbar.

tung der Rufdaten beweisen, wann jemand von wo mit wem gesprochen hat."
Stimmt.
Aber das gilt nur für Delikte mit Gerichtszuständigkeit. Weil der Auftrag zur Auswertung der Rufdaten nur aufgrund eines richterlichen Befehls möglich ist. Bei einem Unfall mit Personenschaden sieht das natürlich anders aus mit der richterlichen Verfügung.
Wegen einer Verwaltungsübertretung aber - und so etwas stellt die Telefoniererei im Auto ohne Freisprecheinrichtung ja dar - gibt's keine Rufdatenauswertung.

Äääätsch! Und die frechen Schlupflochfinder zeigen den Exekutivbeamten schon wieder die lange Nase.

Die Uniformierten kommen sich doppelt gefuchst vor. Denn auch für sie gilt natürlich die Freisprechvorschrift. Auch bei dienstlichen Mobiltelefonen.
Nur: der Dienstgeber hat zwar Handys, aber keine Freisprecheinrichtungen gekauft.
Was jenem Kriminalbeamten, der kürzlich (im Dienst) mit dem Handy telefonierend einen Unfall baute, besonders nachdrücklich in Erinnerung ist.
Von ihm will jetzt Vater Staat nämlich den Schaden bezahlt haben ...

Exekutivbeamte haben Diensthandys, aber keine Freisprecheinrichtung. Trotzdem gilt auch für sie die Freisprech-Pflicht

Gurtepflicht

Auch mit der Gurtepflicht ist das so eine Sache. Abgesehen davon, daß mündige Autofahrer wohl selbst bestimmten könnten, ob sie den Sicherheitsfaktor um den Gurt erhöhen wollen – auch diese Vorschrift ist kaum überprüfbar.
Nicht erst einmal erwartete ein Autofahrer Inspektor Eintreib & Co nach der Anhaltung freundlich mit der Hand am Gurt: "Nicht angeschnallt? Ich? Herr Inspektor, ich muß schon bitten, das muß ein Irrtum sein. Ich hab mich gerade erst jetzt abgeschnallt. Wie Sie zum

Gurtepflicht ist kaum überprüfbar

Auto gekommen sind..."
Was kann Inspektor Eintreib in so einem Fall tun?
Gar nichts kann er tun. Denn wie soll man als Exekutivbeamter die Gurtepflicht effizient kontrollieren können?
Sollte er dennoch kassieren wollen, bleibt der Schlupfloch-Kenner weiter freundlich - und bezahlt nicht. Denn das Imperium schlägt erst nach erfolgter Anzeige zurück ...

Abgesehen davon gibt es aber auch andere Fälle, bei denen Autofahrer trotz nichtangelegtem Gurt straflos entkommen.

Besonders dicke oder sonst beeinträchtigte Personen können sich von Gurtepflicht befreien lassen. Super-Airbag-Besitzer auch.

So können besonders dicke oder sonst beeinträchtigte Personen sich von der Gurtepflicht befreien lassen.
Und, was nicht viele wissen: der Airbag kann den Gurt ersetzen.
Wenn der Nachweis erbracht wird, daß mit dem Airbag eine zu Sicherheitsgurten äquivalente Schutzwirkung erzielt wird, kann die Behörde dann eine Ausnahme von der Gurtepflicht erteilen.

2. Gebot
Du sollst wissen, daß Du nicht als Melkkuh geboren wirst.

Strafbeträge liegen knapp unter der Reizschwelle zum Widerstand

So lautet das zweite Gebot der Schlupfloch-Experten. Soll heißen: Laß Dich nicht bluffen, verlier nicht die Nerven. Bevor Du abgezockt wirst, schau Dir alles in Ruhe an.
Meist wird der Strafbetrag auch - vor allem bei Anonymverfügungen - in einer Höhe gehalten, die knapp unter der Reizschwelle für etwaigen Widerstand liegt. So zahlen die meisten, ohne lang zu fragen. Oder haben einfach Angst davor, sich zur Wehr zu setzen ("Mit der Höh' legt man sich besser gar nicht erst an.")
Damit rechnet der Staat auch! Längst steht die Hebung der Verkehrssicherheit nicht mehr im Vordergrund. Das Staatssäckel hat ein wachsendes Loch und gehört wieder gefüllt.
Dabei ist es oft nicht einmal nötig zu einem Trick zu greifen, um dem Melkkuhsyndrom zu entgehen. Man muß nur lesen können. Und das Gesetz und seine Bestimmungen kennen.

Begriffe begreifen

Opa Straflos: "Susi, Stichwort Kombinierter Verkehr und andere."
Susi grinst frech und leiert den Gesetzestext herunter: "Kombinierter Verkehr ist die Güterbeförderung vom Absender zum nächstgelegenen technisch geeigneten Verladebahnhof mit Kraftfahrzeugen auf der Straße, was auch Vorlaufverkehr genannt wird. Vom Verla-

debahnhof zum Entladebahnhof mit der Eisenbahn in einem Kraftfahrzeug, einem Anhänger oder deren Wechselaufbauten heißt dann Huckepackverkehr. Oder, wenn in einem Container von mindestens 6 m Länge ist das der Containerverkehr und vom nächstgelegenen technisch geeigneten Entladebahnhof zum

Empfänger mit Kraftfahrzeugen auf der Straße der Nachlaufverkehr."
Opa: "Donnerwetter, Susi, das hast ja wirklich wie im Gesetz heruntergesagt."
"Kein Problem. Ich hab da so meine Eselsbrücken, Opa."

Nicht immer und nicht allen sind die diversen Begriffsbestimmungen aus dem Gesetz so klar wie Susi Straflos.
(Auch) deswegen zieht sich ein rechtliches Verfahren oft jahrelang bis in die höchsten Instanzen. Doch nicht immer ist dieser Weg der Aufklärung dienlich: es ist zwar so gedacht, daß die Herren unserer Höchstgerichte (Oberster Gerichtshof, Verwaltungs- und Verfassungsgerichtshof) letztlich klären, daß eine Sache so oder so zu sehen ist. Sozusagen also der Weisheit letzter Schluß sind.

Doch Schluß ist damit noch lange nicht.
Denn nicht nur, daß es durch den Europäischen Gerichtshof noch eine weitere, oftmals sehr eigenwillige Instanz gibt – so sind sich die hohen Herren schon in Österreich oft recht uneinig, was denn unter den verschiedenen Begriffsbestimmungen so zu verstehen sei ...

Susi Straflos: "Papa, da vorne, der Feldweg. Darf ich auf dem einmal fahren üben?"
Straflos senior: "Nein, Du hast doch noch keinen Führerschein."
Susi: "Ja, eben. Deswegen will ich ja üben."
"Ohne Führerschein darfst Du nicht auf der Straße fahren."
"Wieso Straße, es ist doch ein Feldweg."
"Hmm. Ist ein Feldweg nun eine Straße oder nicht, Rudi?", fragt Straflos senior seinen

Sohn.

"Das ist eine gute Frage", antwortet der grinsend. "Nach dem Obersten Gerichtshof ist er nämlich keine Straße. Nach dem Verwaltungsgerichtshof aber sehr wohl."

"Also darf ich jetzt oder nicht?", fragt Susi ungeduldig. "Wann ist es jetzt eine Straße?"

Rudi Straflos junior: "Der Verwaltungsgerichtshof sagt überhaupt, es handelt sich nur dann um keine Straße, wenn diese abgeschrankt ist, ein Kennzeichen für Privatgrund hat und außerdem ein Fahrverbot für Unbefugte angezeigt ist. Sonst sei es immer eine Straße im Sinne der StVO.

"Na fein", zieht seine Schwester einen Schmollmund. "Das hat der Feldweg ja alles nicht. Also wird's nix mit dem Probefahren."

Papa Straflos nickt vorsichtig und fährt an dem Feldweg vorbei, insgeheim froh darüber, daß sein Vectra nicht als Geländefahrzeug mißbraucht wird.

"Ja, so ist das leider mit den Begriffsbestimmungen", sagt Rudi Straflos junior. "Das einzige was in diesem Zusammenhang sicher ist – Kinderspielplätze und Skipisten sind laut Höchstgericht keine Straßen."

"Sehr witzig", sagt Susi. "Und wo soll ich jetzt einen Schnee hernehmen?"

Ist ein Feldweg eine Straße oder nicht?

Sicher ist: Kinderspielplätze und Skipisten sind laut Höchstgericht keine Straßen

Nur Wien ist anders

Ost-West-Gefälle in der Bestrafung.

Interessant ist, daß es – wie auch beim Finanzamt – ein erwiesenes Ost-West Gefälle in der Bestrafung gibt. Und auch allgemein gilt: die Verwaltungsbehörde straft Alko-Verkehrsdelikte (ohne Verletzte) oft sogar strenger als das Gericht Alkounfälle mit Verletzten. Ein Härtepol ist da Wiener Neustadt: dort straft das Gericht am strengsten.

Härtepol Wiener Neustadt

Wien ist anders. Denn in Wien straft man nach einer Norm. Allerdings rechtswidrig. Und das geht so:

Beim Magistrat der Stadt Wien gibt es einen Erlaß, ein sogenanntes „Blaubuch". Inhalt: einerseits eine Kartei, in der die zu ahndenden Übertretungen genau aufgeführt sind. Andrerseits aber auch eine Festsetzung der Strafhöhe. Somit weiß jeder Beamte in der ersten Instanz, wieviel denn eine bestimmte Verwaltungsübertretung in Wien "wiegt".

Diese Liste ist verbindlich, hält sich der einschreitende Beamte nicht daran, bekommt er dienstrechtliche Schwierigkeiten.

In Wien wird nach dem "Blaubuch" gestraft. Widerrechtlich...

Doch die Sache hat auch einen Pferdefuß: so wurde der Erlaß nie verordnet; nie in gesetzlicher Weise kundgetan – und ist somit rechtswidrig.

Genaugenommen wäre aber nun etwa nicht nur der böse Falschparker strafbar, sondern auch sein "Richter", der die Strafe verhängt. Denn beide verstoßen gegen das Gesetz ... Wie steht es dazu so schön in unserer Verfassung: "Jeder Bundesbürger ist vor dem Gesetz gleich." Fragt sich offenbar nur in welcher Ecke.

Geld oder Leber

Nicht nur, daß es sich nach der Ansicht der Verkehrsrecht-Widerstandskämpfer auszahlt, nicht gleich jedes Strafmandat zu bezahlen, manchmal haben sie sogar im nachhinein Chance auf die Rückzahlung bereits bezahlter Gelder. Und auch das hat sich der Gesetzgeber selbst zuzuschreiben...

Ein Beispiel: Seit Einführung der 0,5 Promille-Grenze bis zum Juli 1999 war für einen Alko-Unfall mit Sachschaden keine eindeutige Strafbestimmung im Paragraph 99 StVO festgelegt. Gemäß Paragraph 5 war alkoholisiert fahren aber verboten. Die absurde Situation: es war somit zwar verboten, aber nicht strafbar.

Alkoholisiert Fahren war verboten, aber nicht strafbar...

Im Klartext: wer in der oben angeführten Zeit mit einem Blutalkoholgehalt zwischen 0,5 und 1,59, also unter 1,6 Promille, einen Verkehrsunfall mit Sachschaden verursacht hat, war laut Gesetz nicht strafbar. Im Juli 1999 trat dann eine Nachbesserung in Kraft.

Ist ja nur eine kleine, vorübergehende Ungenauigkeit, könnte man jetzt sagen. Aber wieviele hundert Autolenker wurden deswegen - eigentlich widerrechtlich - bestraft?

Und die Folgen sind gar nicht so unbedeutend. Jeder Betroffene, der das wußte oder dessen diesbezügliches Verfahren noch läuft, könnte damit dem Netz entschlüpfen. Er müßte nur genüßlich die Gesetzeslage zur Tatzeit zitieren und könnte getrost die offenen Geldstrafen vergessen.
Teuer für den Staat: denn abgeschlossene Verfahren können (theoretisch) über Antrag des Bestraften wieder aufgenommen werden.
Stimmt dem die Behörde zu, muß Vater Staat die Kohle wieder herausrücken, die er sich "versehentlich" in der rechtsfreien Zeit eingenäht hat...

Erst lesen, sonst gibt's Spesen

Manche stecken ihren Strafzettel unter den Scheibenwischer des nächsten Autos

In diesem Zusammenhang sei gleich vorweg erwähnt: Schlupfloch-Experten lesen zuerst immer ganz genau, ob der vorgefundenen Strafzettel auch wirklich für das eigene Auto geschrieben wurde.
Manche Spezialisten stecken nämlich einfach ihren Strafzettel unter den Scheibenwischer des nächsten Autos. In der – sehr berechtigten - Hoffnung, daß den der andere Fahrer einzahlt. Weil viele sich zwar ärgern über den Wisch an

ihrem Auto, aber dann ganz melkkuh-mäßig sofort zahlen, funktioniert dieser häufig angewendete Schmäh auch immer wieder. Vor allem auch deshalb, weil der Betrag eben in einer Höhe gehalten wird, die knapp unter der Reizschwelle für den Widerstand liegt.
Dabei ist es oft nicht einmal nötig zu einem Trick zu greifen, um dem Melkkuh-Syndrom zu entgehen. Man muß nur lesen können.

Rudolf Straflos senior erzählt:
"Bei mir in der Firma gibt's einen jungen, feschen Kollegen, der ist ein richtiger Motorradnarr. Zwei Maschinen hat er gleich, angemeldet auf Wechselkennzeichen. So schnelle japanische Dinger, beide ganz schwarz mit viel Chrom."
"Welche Marke?", fragt der Junior.
"Weiß ich nicht, da kenn ich mich nicht so aus. Und der Polizist, der meinen Kollegen wegen Schnellfahrens angezeigt hat, übrigens auch nicht."
"Oder er hat's nicht genau gesehen."
"Also wie ich meinen Mitarbeiter kenne, ist der so schnell vorbeigezischt, daß der Inspektor die Marke gar nicht erkennen konnte...!"
"Na und, wie ist die Sache ausgegangen?", fragt Führerscheinneuling Susi Straflos ganz interessiert. Denn, daß der Herr Papa einen jungen, feschen Kollegen hat, davon weiß sie ja noch gar nichts.
"Straflos, wie denn sonst", grinst der Vater Straflos und zwinkert seinem Sohn zu.

Wenn in der Anzeige nur das (Wechsel-)Kennzeichen angeführt ist und nicht die Marke des Fahrzeuges, dann ist das zuwenig für eine Bestrafung.

"Wie geht das denn?", fragt Susi.

"Sag's Du ihr, Rudi."

"Wenn in der Anzeige nur das (Wechsel-) Kennzeichen angeführt war und nicht die Marke des Fahrzeuges, weil sie nicht leicht erkennbar war, dann ist das zuwenig für eine Bestrafung. Das hat vor fast 20 Jahren schon der Verwaltungsgerichtshof befunden."

"Das ist ja absurd."

"Tja", sagen die beiden Männer unisono. "So ist das eben im Leben."

"Ach, und Susi", fügt Straflos senior lächelnd hinzu: "Der junge Kollege ist übrigens seit einem Jahr glücklich verlobt."

Wer sieht Rot?

Anzeigen wegen Einfahrens in die Kreuzung bei Rot- oder Gelblicht gehören zum täglich Brot von Beamten wie Eintreib & Co.

Dabei hat es gerade das Bestimmungskonvolut rund um dieses Delikt in sich.
Existiert an der Tatort-Kreuzung (egal ob Rot- oder Gelblicht laut Anzeige) eine Haltelinie, durchkreuzen Österreichs Schlupfloch-Sucher leicht das Verfahren.

Sicheres Anhalten vor der Haltelinie muß möglich gewesen sein.

Dies deshalb, weil vom Gesetz gefordert ist, daß ein sicheres Anhalten vor der Haltelinie möglich gewesen sein muß.

Leo "Lucky" Straflos ist angezeigt worden. Er ist

bei Gelb in eine Kreuzung mit Haltelinien eingefahren. Straflos junior rät ihm, in den Einspruch hineinzuschreiben, daß "er bereits so knapp vor der Haltelinie gewesen sei, daß das sichere Anhalten nicht mehr möglich gewesen wäre."
"Damit hast Du so gut wie gewonnen Onkel", weiß Rudi. "Vor allem bei Gelblicht ist es sehr schwer für die Behörde das Gegenteil zu beweisen."
"Warum?"
"Im Einspruch", so erklärt Straflos junior, "werden wir nämlich eine maßstabsgerechte Skizze aus der alle Umstände samt Standort des Anzeigers hervorgehen, verlangen. Dazu die genauen Daten wie deinen Abstand von der Haltelinie, die Geschwindigkeit, den Anhalte-, Reaktions- und Bremsweg und den Standort des Anzeigers."

> Behörde kann sehr schwer das Gegenteil beweisen.

Rudi Straflos junior kennt die Materie wieder einmal sehr gut: Im Straferkenntnis müssen diese Umstände normalerweise nicht vermerkt werden. Es genügt die Anmerkung "daß sicheres Anhalten möglich gewesen wäre."
Behauptet der Beschuldigte jedoch das Gegenteil, muß Inspektor Eintreib anführen können, wie viele Meter das Fahrzeug bei Umschalten von grün blinkend auf Gelb von der Haltelinie entfernt war, wie schnell es gefahren ist und ob mit Reaktions- und Bremsweg ein Anhalten vor der Haltelinie möglich gewesen wäre...

Das ist kaum möglich.
Nicht einmal für Inspektor Eintreib (der

bekanntlich oft rot sieht).

Dazu müßte er nämlich zugleich die Ampel und die Position des Fahrzeuges im Auge gehabt haben. Dazu die Geschwindigkeit schätzen, (was laut Judikatur nur bei vorbeifahrenden Kfz geht...), das ganze weder von vorne noch von hinten gesehen haben. Dazu noch Reaktions- und

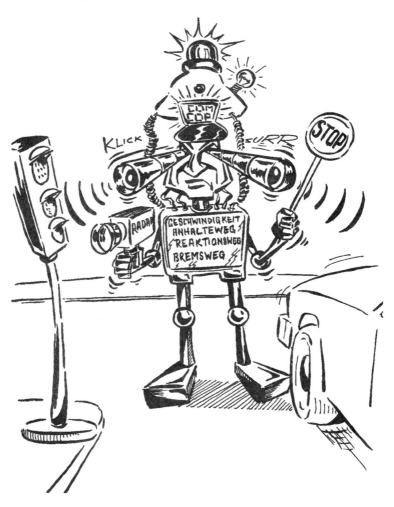

Bremsweg berechnen.

Hier hat die Behörde kaum eine Chance. Und der einzelne Beamte an der Kreuzung schon gar nicht.
Inspektor Eintreib müßte schon einen Kollegen dazu vergattern, mit ihm gemeinsam auf Jagd zu gehen. Einer müßte mit der Laserpistole einschreiten, der andere den Rest des Deliktes beobachten.
Oder er müßte zum Robo-Cop werden ...

Bei Rot sieht das ein bißchen anders aus. Bei Rot muß vor der Haltelinie, wenn keine vorhanden, vor eventuell vorhandenem Schutzweg oder einer Radfahrerüberfahrt angehalten werden. Oder ansonsten natürlich vor der Kreuzung selbst.
Ist nicht genau angeführt, wo das Fahrzeug bei Rot war, ist dieses Delikt nicht strafbar. Auch hier kommt es auf den genauen Standort des Polizisten an. Bei Einsprüchen fordern viele Schlupfloch-Ritter auch wieder eine genaue Skizze an.
Und wenn das nicht durchgeht, haben sie so ihre anderen Methoden. Und die funktionieren dann todsicher. Dazu kommen wir aber noch.

3. Gebot
**Du sollst Dich nicht von
der Gesetzesflut erdrücken lassen**

Die Gesetzesflut - genau da setzen die Schlupfloch-Kenner mit ihrem 3. Gebot an. Denn wer kann diese Fülle an Bestimmungen noch fehlerlos überblicken, geschweige denn, im Kopf haben?

All jene Vorschriften, die der Gesetzgeber jedes Jahr tonnenweise auf Beamten und Bürger herunterkübelt – wer kann die noch bewältigen, wer kann die noch leben?

Allein dreißig verschiedene Geschwindigkeitsbeschränkungen im Verkehrsrecht

Es gibt allein dreißig verschiedene Geschwindigkeitsbeschränkungen im Verkehrsrecht, die es erst einmal zu durchforsten gilt. Für unseren Opa Straflos ein herrliches Sammlerstück (nachzulesen im Kapitel "Aus Opas Sammlung").

Wer sich das jährliche Anwachsen der Gesetze und Verordnungen (ein Stapel, der so hoch ist, wie 500 Bände dieses Buches übereinandergelegt) so anschaut, dem kommt das kalte Gruseln.

Abgesehen von fehlender Transparenz und Unübersichtlichkeit – im Zusammenwirken mit Vollzugsautomaten wie Inspektor Eintreib kann sich die Materie dann zum Nährboden menschenunwürdigster Situationen entwickeln.

Genagelt und vernagelt

Die kalte Jahreszeit naht. Vater Straflos denkt daran, sein Häuschen im Waldviertel

winterfest zu machen. Weil dort aber andere Bedingungen wie in der Stadt herrschen, soll sein Auto wieder Spikereifen kriegen. Bald darauf hat er damit eine Begegnung der anderen Art ...
Die Inspektoren Eintreib und Ehrlich haben den Vectra der Familie Straflos an den Straßenrand gewunken.
Eintreib grinst fröhlich, weil ein Spikepickerl am Rückfenster prangt. Er holt aus einer Tasche Briefwaage und Kneifzange (beides extra privat gekauft) heraus.
Inspektor Ehrlich: "Was willst denn damit?"
"Na, die Spikes kontrollieren, was sonst."
Ehrlich verdreht die Augen.
Eintreib: "Kümmer dich lieber um Autobahn-Pickerl, Motor- und Fahrgestellnummer und so weiter. Wir sind ja nicht zum Spaß da. Und denk dran, heut bin ich als Kommandant eingeteilt."
Inspektor Ehrlich seufzt und begleitet Eintreib zum Auto.

Straflos senior freundlich: "Guten Morgen."
Ehrlich: "Guten Morgen."
"Ob der gut ist, werden wir gleich sehen", sagt Eintreib und geht ächzend in die Knie. "Na, wie schwer ist denn zum Beispiel das Spikerl hier?"
Straflos senior: "Wie bitte?"
Eintreib: "Laut Paragraph 7/5/1 KDV darf jeder einzelne das Gewicht von zwei Gramm nicht überschreiten, das werden's ja wohl wis-

Ein Spike darf nicht mehr als 2 Gramm wiegen. Jawoll!

sen. Wird zwar eine schöne Arbeit, die alle abzuwiegen, aber bitte. Dienst ist Dienst. Komm Kollege, hilf mir einmal."

Inspektor Ehrlich versucht keinem der Familie Straflos in die Augen zu sehen.

Eintreib: "Haben Sie sich vor der Wegfahrt überzeugt, daß der Abstand des Spikes von der Karkasse mindestens 1 Millimeter beträgt?"
Straflos senior: "."..?"
Eintreib: "Was, Sie wissen nicht, was eine Karkasse ist? Und Sie haben einen Führerschein. Sie glauben wohl, das Parlament macht die Gesetze nur so zum Jux und keiner muß sich dran halten."
Er zückt seine Schublehre.
"Na, da schau ma doch gleich einmal, ob der Flanschdurchmesser der Spikes nicht mehr als 6,5 Millimeter beträgt."

Synthetischen Spikes haben wieder eine eigene Verordnung...

Plötzlich hält er inne, winkt seinen widerwillig danebenhockenden Kollegen näher und raunt ihm aus dem Mundwinkel zu: "Da schau her. Die haben die neuen synthetischen Spikes, da gibts seit einem halben Jahr eine eigene Verordnung, die das regelt."
Er beißt sich hektisch auf die Lippen: "Und die hamma natürlich noch nicht im Wachzimmer aufliegen."

Plötzlich heitern sich seine Gesichtszüge auf und er sagt wieder laut: "So, das schaun wir uns jetzt auch noch an. Nach Paragraph 7/5/1i KDV darf der Querschnitt des über die Lauffläche hinausragenden wirksamen Teiles des Spikes bei rundem Querschnitt einen Durchmesser von 1,2 mm nicht unterschreiten und von 3 mm nicht überschreiten."
Inspektor Ehrlich: "Aber die Spikes sind doch eckig."
Eintreib, mit hochnäsigem Blick: "Bei eckigem Querschnitt dieses Teiles gelten diese Maße für die in der Diagonalrichtung gemessene Breite. Herr Kollege."

Ehrlich starrt seinen Kommandanten fassungslos an.

Herr Straflos: "Aber Herr Inspektor, wollen Sie das jetzt allen Ernstes kontrollieren. Das glaub ich nicht."

Eintreib: "Das will ich jetzt aber überhört haben. Glauben's, mir macht das einen Spaß. So sind's nun einmal, unsere Gesetze, da kann man gar nichts tun, hehehe."
Dann hält er inne: "Hoppla, das hätt' ich ja fast vergessen: die Verwendung von Reifen, bei denen Spikes mehr als 2 mm über die Lauffläche hinausragen, ist unzulässig, Herr ...", er schaut demonstrativ im Führerschein nach, "Herr Straflos."

Ehrlich: "Du, Kollege, in welcher Reifenfolge willst jetzt die Spikesbestimmungen kontrollieren? Wenn Du die schon rausgezogen hast für die Gewichts- und durchmesserkontrolle, wie willst dann noch feststellen, wie weit sie herausragen. Außerdem siehst ja eh, der Reifen ist ganz neu. Da wird's nix geben."

Eintreib: "Das ist mir wurscht. Irgendwas find ich. Verlass dich drauf. Und wenn ich alle Spikes einzeln ziehen muß. Und dann kann ich ihn immer noch angehen, warum er noch das Spikepickerl oben hat, wenn er doch gar keine Spikereifen mehr hat, hehehe..."

Ehrlich beugt sich vor: "Psst, komm her, ich sag

dir was ins Ohr."
"Ja, was ist denn?"
"Du, ich glaub, Du bist a bisserl deppert."
"Waaaas? Was hams da gsagt, Herr Kollege? Ah, so ist des. Sie wollen einen Wickel, na, da werden wir doch gleich dienstlich werden. Nicht nur ihre laxe Dienstauffassung ist es, die mir schon die längste Zeit auffällt, Herr Kollege!"

Er stapft wütend zum Streifenwagen. "Sie sind aufsässig, wollen die Weisungen eines Vorgesetzten nicht befolgen. Mir macht das auch keine Spaß, oder glaubenS', ich bin gern Kommandant von ihnen. Aber bitte, wieS' glauben. Werden wir sehen, was der Chef dazu sagt, wenn er meine diesbezügliche Meldung darüber liest."

Beide Beamte nehmen Platz im Dienstwagen. Eintreib donnert die Türe zu und tobt weiter: "Ich bin ja allgemein sehr gutmütig, das weiß jeder. Aber ich kann's auch anders. So, fahr ma ..."

"Äh, Herr Inspektor...", ruft Straflos von draußen und hebt den Zeigefinger.

Ehrlich: "Der will glaub ich noch etwas."
Eintreib: "Laß den reden, den erwisch ma beim nächsten Mal. Wir fahren jetzt und basta, ist sowieso bald Schichtwechsel."

"Herr Inspektor!", ruft Straflos noch einmal und winkt mit beiden Armen.
Eintreib: "Los fahr ma, hab ich gesagt."

Gehorsam gibt Ehrlich Gas, er steht in Gedanken schon beim Rapport vor dem Dienststellenkommandanten.
Der ist in letzter Zeit eh immer so grantig, seit der neue Generalinspektor im Amt ist.
"Herr Inspektor, warten sie", ruft Straflos senior, "Ihr Funkgerät...." Dann sieht er zu, wie sich das Streifenauto zügig in den Verkehr einordnet.

Und das Funkgerät, zuvor achtlos auf das Dach des Dienstwagens gelegt, mit Schwung auf die Gegenfahrbahn fliegt, dort prompt von einem Sattelschlepperreifen plattgemacht wird. Kopfschüttelnd geht Straflos zu seinem Auto zurück. "Sachen gibt's ..."

Die Absurditäten in der Fülle des österreichischen (Verkehrs-)Rechtes erreichen teilweise ein unglaubliches Ausmaß.

Mountainbikes brauchen Licht... Da ist die derzeit für Mountainbikes gesetzlich geforderte Lichtanlage eh noch ein Lapperl (eine Änderung ist immerhin geplant) gegen das, was sich so verschiedene gesetzbastelnde Kommissionen im Hinterkammerl ausdenken.
Jeder weiß, was ein Sturzhelm ist. Doch die,

die gesetzlich beschlossen haben, was ein Helm zu sein hat, dürften tatsächlich noch nie einen solchen gesehen, geschweige denn getragen haben.
Für Opa Straflos stellt auch diese Bestimmung ein Prunkstück seiner Gesetzesstellen-Sammlung dar (siehe Kapitel "Aus Opas Sammlung").

Neben diesen ebenso unmöglich zu lebenden wie zu kontrollierenden Bestimmungen gibt es auch noch einen Haufen Ballast in unserem Verkehrsrecht, der dort wenig verloren hat.

Panzermädel

"Susi, sag mir einmal, bei welchen Fahrzeugen gilt das Kraftfahrzeuggesetz überhaupt nicht."

"Das ist leicht, Opa", sagt Susi gelangweilt, "Bei Kettenfahrzeugen wie Kettenzugmaschinen, Sonderfahrzeugen für den Pioniereinsatz, wie Brückenbaugeräte. Aber auch bei Kampfpanzern, Bergepanzern und Schützenpanzern."
Opa blättert nach.
"Äah, ja. Sag einmal, wieso weißt Du das denn

so genau. Was gehen dich eigentlich Panzer an?"
"Vorsorge, Opa."
"Vorsorge? Glaubst, die Russen kommen wieder?"
"Nein Opa, aber Du weißt doch, ich kann jetzt auch Karriere beim Bundesheer machen."
"Willst das denn?"
"Im Moment nicht. Aber man weiß ja nie."
"Naja, wie Du meinst", sagt Opa nachdenklich. "Vielleicht gar nicht mal so schlecht. Wir hätten im Krieg damals wohl auch eine Freude gehabt, wenn wir mit ein paar Soldatinnen im Graben gelegen wären..."
"Ooopa!", mahnt Mutter Straflos, die gerade anfängt den Tisch zu decken.
"Ähem", räuspert sich Opa Straflos und sagt: "Was anderes. Susi, Du bist doch so ein Frankreich-Fan. Ich hab mir gedacht, wenn Du den Führerschein schaffst, schenk ich dir eine Reise nach Paris."
"Was?", schreit Susi überrascht und fällt ihrem Großvater um den Hals. "Du bist wirklich der Allerbeste."
"Weiß ich", sagt Opa Straflos bescheiden.
"Aber weil wir gerade bei Paris sind. Welche Bestimmungen gelten, wenn Du einmal einen französischen Freund hast und er borgt dir sein Auto mit ausländischem Kennzeichen?"
"Zuerst die zollrechtlichen Bestimmungen, Opa. Dann die Bestimmungen des Kraftfahrzeuggesetzes, der Kraftfahrzeug-Durch-

" ... das Pariser Abkommen über den Verkehr ..."

führungsverordnung und Straßenverkehrsordnung, nicht jedoch die Bau- und Ausrüstungsbestimmungen des Kraftfahrzeuggesetzes. "

"Und?"
"Was und, Opa?"
"Du hast einiges vergessen. So etwa die Bestimmungen des Genfer Abkommens über den Straßenverkehr, die Vorschriften des Übereinkommens über den Verkehr von Kraftfahrzeugen, genannt Pariser Abkommen und die Bestimmungen des Wiener Übereinkommens über den Straßenverkehr. Außerdem mußt Du die Abschnitte VIII und X des Kraftfahrzeuggesetzes beachten. Und nicht zu vergessen ist natürlich Paragraph 23 Führerscheingesetz. Das sollte man halt schon wissen."
"Opa."
"Ja?"
"Ich glaub', ich will doch keinen französischen Freund."

Bestimmungen, wie die oben erwähnten, zeigen es überdeutlich: Der Umfang der Gesetze ist bereits unüberblickbar, nimmt dennoch unaufhaltsam zu.

Abspecken tut not.
Das Kraftfahrrecht enthält viele Bestimmungen, die nur für Erzeuger und Genehmigungsbehörden bestimmt sind. Bei uns ist z.B. die Fahrschulausbildung und die Bestimmungen für die Gewerbeordnung im Kraftfahrgesetz festgeschrieben.
Dabei geht es auch anders: In der Schweiz

sind diese längst aus dem Gesetz für Autofahrer herausgenommen.

Auch die Verwaltung erstickt logischerweise immer mehr im Administrationskram. Man muß sich nur vorstellen, daß es für jedes einzelne Verkehrszeichen, für jede Tafel, jede Ampel, jede Bodenmarkierung – kurz für alles, was den Straßenverkehr behördlicherseits betrifft – einen eigenen Akt gibt.
Was das bei dem Schilderwald bedeutet, der in Österreichs Städten herrscht, kann man sich ausmalen.

Von Vollzugsautomaten wie Eintreib einmal abgesehen – besonders schwer haben es natürlich die Organe des Staates, die mit dieser Gesetzesmaterie arbeiten müssen.
Während Juristen und Rechtskundige sich in einem Verfahren alle Zeit der Welt nehmen können, um den Bestimmungen auf den Grund zu gehen, muß der Exekutivbeamte an der Front in Sekundenbruchteilen entscheiden.
 Und seine Handlungen stets gesetzeskonform setzen. Sonst ist die ganze Amtshandlung (zumindest) nichtig.

Und genau hier setzen wieder jene an, die nach den "Zehn Geboten des straflosen Kraftfahrers" handeln - und straflos bleiben. Um die Rechtskundigen auch ordentlich richtig auszulasten, stellen die Schlupfloch-Experten möglichst viele Beweisanträge. Denn sie halten sich an das ...

4. Gebot
Du sollst den
Amtsschimmel füttern

Denn sie wissen, was sie tun. Das ganze Strafsystem im Straßenverkehr ist auf das schnelle Abkassieren ausgerichtet.
Quantität vor Qualität.

Behördliche Formalfehler sind an der Tagesordnung

Formalfehler sind an der Tagesordnung - aber wen kümmert's, solange es funktioniert.
Die Österreicher sind satt und ohnehin kein Volk von Revoluzzern.
Bevor ihnen das Auto nicht ganz weggenommen wird, nehmen sie offenbar alles widerspruchslos hin: hohe Benzinpreise, Autobahnpickerl, Auflagen und – Strafen.
Und solange nur wenig Widerstand gezeigt wird, geht für die Obrigkeit ja auch alles gut.

Aber wehe findige Köpfe machen sich auf die Suche nach den Lücken im Netz der Gesetze.
Dann wird's eng für die staatlichen Abzocker.
Denn die Einkunfts-Chancen des Staates stehen in Wahrheit auf wackeligen Beinen.
Gibt's doch oft schon gravierende (Formal-)Fehler in der Grundanzeige.

In rechtskonformen Anzeigen muß jedes Detail stimmen.

Wäre diese rechtskonform, müßte jedes Detail stimmen; müßte genau beschrieben werden, wer wann welches Delikt wo und wie begangen hat.

Und genau da fängt sich der Staat immer wieder.

(Exekutiv-)Beamte glauben nämlich häufig, sie seien im Recht - quasi von Staats wegen.

Und vergessen die geforderte und notwendige genaue Beschreibung der Übertretung oder der Begleitumstände. Sie machen Fehler bei Kennzeichen, Tatort, Tatzeit, Daten von Zeugen usw.

Die Schlupfloch-Sucher unter den Kraftfahrern sagen sich aber: "Formell sind wir selbst." Und achten auf jedes Wort, jeden Satz, jedes Detail in behördlichen Schreiben.

Findet man nämlich einen solchen unrichtigen oder fehlenden Punkt, führt das – taktisch richtig ausgespielt – zur Verfahrenseinstellung.

Mit Hundert über den Dorfplatz

Im Ortsgebiet darf nur mit 50km/h gefahren werden.
Den Satz kennt jeder.
Auch Schlupfloch-Kenner wie Straflos junior.
Die konzentrieren sich in diesem Satz allerdings nicht auf die "50 km/h" – sondern auf das Wort Ortsgebiet. Es gibt da nämlich eine Besonderheit im Gesetz. Und die trifft auf so manche Ortschaft in Österreich zu.

Ein gesetzliches Ortsgebiet besteht nur dann, wenn bei jeder Zu- und Abfahrt in den Ort auch eine Ortstafel steht.
Fehlt auch nur bei einer einzigen Zufahrt die

Ein Ortsgebiet besteht nur dann, wenn bei jeder Zu- und Abfahrt auch eine Ortstafel steht.

Ortstafel, so befindet sich der Lenker nicht im Ortsgebiet und ist daher nach § 20/2 nicht strafbar.

Auch wenn eindeutig erkennbar ist, daß man sich in einem Ort befindet, womöglich sogar seit Geburt in dem Ort lebt und weiß, daß es ein Ortschaft ist...

Noch einmal: wenn bei einer einzigen Zufahrt keine Tafel steht und man dort hineingefahren ist, befindet man sich laut Gesetz nicht im Ortsgebiet.
Und Schlupfloch-Profis sind selbstverständlich immer genau bei solchen ungekennzeichneten Zufahrten in den Ort hineingefahren ...

Der Lenker muß seine Fahrgeschwindigkeit an Straßen-, Verkehrs- und Sichtverhältnisse anpassen. Eine Auffangbestimmung, die nicht alle(s) fängt...

Einen Haken hat die Sache allerdings noch für einen Strafen-Flüchtling: Gemäß Paragraph 20/1 StVO muß der Lenker seine Fahrgeschwindigkeit an Straßen-, Verkehrs- und Sichtverhältnisse anpassen.

Wenn Straflos junior seinen GTI also mit hundert Sachen über den Marktplatz jagen würde, wäre er auch im Ort ohne Ortstafel strafbar. Allerdings (nur) für sechs Monate.
Für einen Wissenden wie Rudi Straflos junior ist das kein Problem:
Er hält nach der Anhaltung brav den Mund, ist sehr freundlich und versucht der Bestrafung zu entgehen (Siehe Kapitel "Du sollst dir

Freunde machen").
Gelingt das nicht, bezahlt er auf keinen Fall.
Sondern ersucht höflich um eine Anzeige.

Nun wartet er die Strafverfügung ab, erhebt Einspruch, verzögert durch Terminverschiebungen, Beweisanträge usw. (siehe Kapitel "Du sollst die Zeit heiligen).
Erst nach 6 Monaten gibt er bekannt, daß er über die ...-straße zugefahren ist und dort keine Ortstafel angebracht war.
Nun ist er nach Paragraph 20/2 StVO nicht strafbar. Und eine Bestrafung nach Paragraph 20/1 StVO wegen der unangepaßten Geschwindigkeit ist auf Grund der Verfolgungsver-

jährung nicht mehr möglich.
So sind sie, unsere Gesetze.

Gut, daß Rudi Straflos junior keinen GTI hat. Und allenfalls unter Aufsicht des Herrn Papa mit dessen Vectra zum Zweitwohnsitz im Waldviertel fahren darf.
Wo er ja sicher an einer Ortstafel vorbei in den Ort fährt. Oder?

**Parken ohne Sorgen –
heute und auch morgen.**

Emma Straflos hat ihr Auto in einem Halteverbot mit transportablen Verkehrszeichen bei einer Baustelle geparkt.
Als sie mit den zwei Säcken Hundefutter aus dem Supermarkt kommt, steht schon Inspektor Eintreib neben dem Wagen.
"Na, hamma die Tafeln net g'sehn?", fragt er spitz und wippt auf den Fußballen.
"Oja", sagt Emma und sperrt den Kofferraum auf.
"Na und?"
"Was und?", fragt Frau Straflos verwundert und hievt die Sackerl ins Auto.
"Sie haben die Tafeln gesehen und sich trotzdem dahergestellt?", fragt der Wachmann ungläubig.
"Ja, freilich", sagt Emma fröhlich und steigt ein.

"Soll ich Sie anzeigen?", donnert Eintreib.
"Wenn es Ihnen ein Bedürfnis ist. Aber eines sag' ich Ihnen gleich, es ist schad um die Arbeit."
Sprach's und fuhr von dannen.
An die Anzeige des hektisch auf einen Block kritzelnden Inspektors verschwendete sie keinen Gedanken. Sie weiß noch genau, was ihr Söhnchen über die Gültigkeit transportabler Halteverbote gesagt hatte...

Die Verkehrszeichen für ein transportables Halteverbot werden von der Bezirksverwaltungsbehörde angeordnet.
Auf den Verkehrszeichen muß die Gültigkeitsdauer, Anfang und Ende sowie – und das weiß fast keiner – auch die entsprechende Geschäftszahl der Behördenanordnung geschrieben stehen.
Fehlt auch nur eines dieser Elemente, so das transportable Halteverbot ungültig – somit gibt's auch keine Strafe.
Und daß im Fall der Emma Straflos die Verordnungszahl fehlte, ist auch Inspektor Eintreib nicht aufgefallen...

> Auf den Verkehrszeichen muß die Gültigkeitsdauer, Anfang und Ende sowie – die Geschäftszahl der Behördenanordnung stehen.

"Selbst wenn, Mama", sagt Rudi Straflos junior, als am Abend über diesen Vorfall gelacht wird, "selbst wenn dort eine Geschäftszahl steht, hätte man noch immer eine gute Chance straflos davonzukommen."
"Wirklich?", hält Mama beim Essen austeilen

inne. "Wann denn?"
"Oft beantragen etwa Baufirmen zwar ein solches transportables Halteverbot. Sie wissen aber noch nicht, wann genau es aufgestellt werden soll. Also bekommen sie den Wisch, setzen aber die fehlenden Daten selbst ein. Und das ist ungültig", setzt Rudi fröhlich nach. "Wir lassen im Verfahren einfach die Behördenanordnung auf korrekte Ausstellung überprüfen."
"Unglaublich", schüttelt Mama den Kopf. "Wenn das der Inspektor Eintreib alles wüßte, ob der dann überhaupt noch Strafzettel ausfüllen würde?"

Parkplatzsorgen gibt es auf diese Weise in der Familie Straflos selten.
In einem anderen Fall wurde Emma Straflos eine Strafverfügung geschickt, weil sie das Auto unmittelbar vor einem Schutzweg abgestellt hatte.
Den Einspruch gewann sie dennoch - nicht zuletzt dank der scharfen Augen von Straflos junior.
Der bemerkte nämlich, daß in der Strafverfügung bei der Beschreibung der zu bestrafenden Falschparksituation der Beisatz "aus der Sicht des ankommenden Verkehrs" fehlte.

Emma Straflos gab diesen Umstand auf den Rat ihres Sohnes genau so spät zu Protokoll,

Bei der Beschreibung der Falschparksituation fehlte der Satz "aus der Sicht des ankommenden Verkehrs" ...

daß die Behörde diese formale Kleinigkeit nicht mehr korrigieren konnte. Es waren schon fast sechs Monate um. Und die Obrigkeit muß innerhalb von sechs Monate reagieren und die Verfolgungshandlung korrekt durchführen - weil sonst die Strafe ja verjährt (siehe Kapitel "Sechs Monate sind genug").

In einem anderen Fall führte eine Behörde etwa aus: .".. das Auto stand in der A-Strasse, nächst der B-Strasse im Halteverbot..."

Tja, das war zuwenig, wie der Angezeigte richtig bemerkte.
Denn es ging aus der Anzeige nicht eindeutig hervor, ob er links oder rechts in der A-Strasse gestanden war. Besonders kurios: nur auf der linken Seite war ein Halteverbot - und wieder einmal wurde ein Strafbescheid von der Instanz aufgehoben (VwGH v. 28.2.1985, ZfVB 1985/5/1826).
Selbst wenn die Strafreferenten solche Fehler nicht machen, haben geviefte Schlupfloch-Sucher noch ganz andere Tricks. Aber auch dazu kommen wir noch.

Aus der Anzeige ging nicht eindeutig hervor, ob er links oder rechts in der A-Strasse gestanden war...

"Geh scheiß'n", sprach die Behörde

Ein anderer Aspekt, den viele Schlupfloch-Sucher erfolgreich nutzen:

Falschparken kann nicht vorliegen, wenn das Fahrzeug nicht gehalten, sondern nur angehalten wird

Falschparken kann nicht vorliegen, wenn das Fahrzeug nicht gehalten, sondern nur angehalten wird. Das heißt: Gehalten wird, wenn Du stehen bleibst, angehalten wird, wenn Du stehen bleiben mußt (§2/1/26StVO).

Dieses erzwungene Anhalten kann durch die Verkehrslage oder sonstige Umstände verursacht werden. Was "sonstige wichtige Umstände" (außer einem wichtig mit der Kelle winkenden Exekutivbeamten) sein können?

Nun, zum Beispiel plötzlich auftretende starke Schmerzen mit drohender Ohnmachtsgefahr, unmittelbar drohende technische Gebrechen (OGH 17.4.1986, ZVR 1987/48).

Profis unter den Schlupfloch-Suchern "hatten plötzlich solche starke Schmerzen" und konnten sich deshalb gerade noch in ein Halteverbot retten.
Dann ließen sie sich zum Arzt bringen (Bestätigung wird im Verfahren vorgelegt; es heißt ja nicht umsonst ONKEL Doktor ...), und waren mit einem Schlag nicht mehr strafbar.

Es heißt nicht umsonst ONKEL Doktor...

Notdurft heißt nicht Notstand

Zu den Notstandsgründen, die eine Strafbarkeit oa. Taten ausschließen, zählt es nicht, "wahnsinnig dringend pinkeln gehen zu müssen." Und auch die andere Seite dieses Geschäftes gilt noch lange nicht als strafbefreiender Notstand...

Notdurft heißt nicht Notstand

Während sich Normalbürger noch verblüfft zeigen ob der behördlichen Anweisung, eher ins Auto zu kacken, denn falschzuparken, ziehen Schlupfloch-Spezialisten eine ganz andere Lehre daraus: sie nutzen den Drang zum Töpfchen einfach nicht als Begründung für ihr Anhalten - sie waren lieber einer Ohnmacht nahe.
Diese könnte sich allerdings bei der behördlichen Variante auch zwangsläufig ergeben...

In einem Halteverbot steht man im übrigen auch nur wirklich, wenn es eine Tafel mit dem Zusatz Anfang und eine mit dem Zusatz Ende gibt.
Einzige Ausnahme, wenn mit einer Tafel und Pfeilen auf einer Zusatztafel unmißverständlich zum Ausdruck kommt, wo das Halteverbot gilt. Drum prüfe, wer sein Fahrzeug parke, ob alle Tafeln da sind - lernt man ja schon in der Fahrschule.

Was man aber nicht dort lernt:
Ein Halteverbotszeichen, das mit einem braunen, schräg über die Tafel geführten Klebestreifen versehen ist, muß laut richterlichem Spruch als ungültig angesehen werden.
So war der Einspruch eines Autofahrers erfolgreich und die Abschleppung seines Fahrzeuges nicht gerechtfertigt - Geld zurück (VwGH v. 29.3.1996, ZVR 1997/11).

Ein anderes Auto stand eindeutig im Halteverbot. Anfang- und Endetafel samt Zusatztafel waren ordnungsgemäß angebracht.

Gerade am Land werden immer wieder Halteverbote im kurzen Weg (wenn überhaupt) vom Bürgermeister verordnet

Das Halteverbot war aber dennoch nicht rechtmäßig verordnet.
Denn: Verordnet muß es von der zuständigen Behörde werden.
Gerade am Land werden immer wieder Halteverbote im kurzen Weg (wenn überhaupt) vom Bürgermeister verordnet. Aber nie von der Aufsichtsbehörde des Landes genehmigt.

So verließ auch Parksünder Straflos senior schon öfter fröhlich pfeifend das Amtsgebäude im Waldviertel.

Er hatte einfach im Verfahren das Vorliegen einer korrekt genehmigten Verordnung angezweifelt. Worauf so mancher Strafreferent überrascht und hilflos mit den Augenlidern blinkte.

Winken statt blinken

Weil wir gerade beim Blinken sind: Wußtest Du, lieber Kraftfahrer, daß jemand, der nach links oder rechts aufgrund eines Abbiegegebotes abbiegt, nicht zu blinken braucht?
Ja?
Gut, aber das wissen nicht alle Polizisten. Und auch böswillige Passanten zeigen immer wieder deshalb an.

Jemand, der aufgrund eines Abbiegegebotes abbiegt, braucht nicht blinken.

Blinken braucht man auch nur dann, wenn das "Nichtanzeigen eine Behinderung oder Gefährdung für einen anderen Fahrzeuglenker oder Verkehrsteilnehmer bedeuten würde."
Ist also weit und breit keine Menschenseele unterwegs, braucht man nicht zu blinken. Auch wenn es der hinter einem Gebüsch lauernde Inspektor Eintreib anders empfindet.
Und vor allem muß in der Beschreibung der Tat der Satz .".. daß sich andere Straßenbenützer auf den angezeigten Vorgang einstellen kön-

Ist weit und breit keine Menschenseele unterwegs, braucht man nicht zu blinken.

"...daß sich andere Straßenbenützer auf den angezeigten Vorgang einstellen können..."

nen", angeführt werden. Sonst bleibt man straflos, weil die Tat ungenügend beschrieben ist. Auch dazu gibt es mehrere Entscheidungen des Verwaltungsgerichtshofes.

Übrigens: Wer mit großem Geschwindigkeitsunterschied überholt, vom Überholten weit genug entfernt ist (seitlicher Sicherheitsabstand) und wenn auch sonst keine Verkehrsteilnehmer in der Nähe sind, braucht auch nicht zu blinken.

Wenn man mit großem Geschwindigkeitsunterschied überholt, vom Überholten weit genug entfernt ist und auch sonst keiner in der Nähe ist, braucht man nicht zu blinken.

Hier haben schon einige Angezeigte keine Strafe bezahlt. Und sich auf die Entscheidung VwGH v. 14.5.1997, ZVR 1998/56 berufen.

Noch eine Möglichkeit, einer Strafe wegen Nichtblinkens zu entgehen. In der Anzeige muß nämlich dezitiert stehen, daß der Fahrer "durch die Tat andere behindert hat."

In der Anzeige muß dezitiert stehen, daß der Fahrer "durch die Tat andere behindert hat".

Also: Rudi Straflos wechselt den Fahrstreifen ohne zu Blinken und behindert andere. Wird vollkommen zu Recht angezeigt. Wenn aber in der Strafverfügung eben der Satz ."..und dadurch andere behindert" fehlt, ist die ganze Anzeige nichtig, weil die Tat nicht genau beschrieben wurde.

Blinken ist gut, hupen manchmal besser

Es gibt kein für ganz Österreich verordnetes einheitliches Hupverbot. Wenn einer der Schlupfloch-Experten angezeigt wird, weil er gehupt hat, schaut er gleich einmal nach, ob der jeweilige örtlichen Geltungsbereich eines verordneten Hupverbotes überhaupt im Spruch des Straferkenntnisses angeführt ist. Auch wenn es sich auf den Bereich eines Ortsgebietes bezieht, der die ganze Stadt umfaßt.

Kein für ganz Österreich einheitliches Hupverbot

Straflos Junior hupt auch gerne und oft. Und dennoch zahlt er deswegen nie Strafe. Nicht weil sich Inspektor Eintreib inzwischen dran gewöhnt hätte, nein.
Sondern weil Rudi Straflos immer gleich die passende Ausrede parat hat. "Herr Inspektor, ich habe nur gehupt, um einen anderen vor Schaden zu schützen. Ein Kind wäre da vorn fast auf die Fahrbahn gelaufen. Durch das Hupen hat seine Mutter das erkannt und das Kind zurückgehalten. Wo? Na da vorne, etwa 50 m hinter ihrem Rücken, Herr Inspektor..."

Ist doch wunderbar, was die richtige Begründung in bezug auf Straflosigkeit alles bewirkt.

Blaskonzert mit Hupe

Rudi Straflos sitzt im Auto seiner Freundin

und hupt ungeduldig. Weil Monica, bildhübsche Sekretärin in einem Anwaltsbüro, sich schon wieder so lange die Haare fönt. Erneut greift Rudi hinüber und drückt die Hupe. Da klopfte Inspektor Eintreib an die Seitenscheibe.
Rudi, am Beifahrersitz, kurbelt das Fenster herunter. Der Polizist fragt in gestrengem Ton: "Was soll das, junger Mann?"
In diesem Moment stöckelt Monika aus dem Hauseingang - jung, hübsch, blond, zarte Röte auf den Wangen.
Ein Auftritt wie aus der Jeanswerbung. Nur ohne Jeans.
Ist auch gut so, denn der Ledermini verdeckt wenigstens nicht ihre langen Beine.
Inspektor Eintreib schiebt sich das Amtskapperl aus der verschwitzten Stirn.
"Guten äh, Tag. Nun zu Ihnen ...", sagt er zu Rudi Straflos junior, ohne die Observation des stattfindenden Einsteigmanövers am Fahrersitz zu unterbrechen.
Monica lehnt sich zum offenen Fenster hinüber, wobei sich der ohnehin schon prall gefüllte Body noch ein wenig mehr spannt: "Stimmt was nicht, Herr Inspektor?"
"Doch, alles, ich meine nein. Ich sprach gerade mit ihrem Bei..., äh, mit dem Beifahrer des Fahrzeuges über das Hupen..."
"Über das Huuuupen ...?", flötet Monica.
"Äh, ja ..."
"Schauen Sie, Herr Kommissar. Wir wollten eben ins Autokino, wissen Sie. Und da hat mein

Freund nach dem Rundgang um das Fahrzeug im Zuge der vorgeschriebenen Überprüfung vor Fahrtantritt eben alle Funktionen kontrolliert. Einschließlich des Signalgeber-Instrumentes." "Ähh, ja..."
"Na dann ist ja alles in Ordnung.", sagt Rudi schnell. "Und wir können endlich zum Kino fahren. Sind eh schon spät dran. Wiedersehen..." Grüßend tippt der verdatterte Inspektor auf seine Kappe: "Na, dann gute Fahrt. Und - hupen sie bald wieder."

Vor Fahrtantritt alle Funktionen einschließlich Hupe kontrolliert.

Die Schlupfloch-Spezialisten wissen jedenfalls: die erste Chance zum Konter steckt im Detail.

Wie bei der Anzeige, die Susi Straflos bekam, weil sie das Armzeichen eines Polizisten nicht befolgt hatte.
Sie hatte sich beim Frisör vertrascht und war mit der Vespa auf dem Weg zum anschließenden Rendezvous mit ihrem Freund Carlo.
"Ich hab's halt eilig gehabt und der Carlo ist eh immer gleich so bös, wenn ich zu spät komm", erzählt sie später im Kreis der Familie.
"Na, da wollt ich halt nicht stehen bleiben, wie der Inspektor gewachelt hat. Außerdem hab ich ihn fast zu spät gesehen. Plötzlich hupft der mit seiner dunklen Uniform hinter der Litfaßsäule vor. Ich hab zuerst geglaubt, das ist ein Überfall."
"Laß einmal schauen, was da drin steht", sagt

ihr Bruder. Nach zehn Sekunden verzieht sich sein Mund zu einem breiten Grinsen: "Gebongt, den Wisch kannst vergessen. "
"Wieso glaubst Du das?", fragt Mama Straflos, die gerade mit der Suppe hereinkommt.
"Na, weil die korrekte Tatbeschreibung fehlt. Und die ist unbedingt nötig."

Straflos junior hat wieder einmal recht. Susi wird in diesem Verfahren keine Strafe bezahlen müssen.

Es war nicht vermerkt, ob die Amtshandlung mit Armzeichen oder Kelle erfolgte.

Grund: Besonders wichtig ist wie erwähnt die genaue Beschreibung der Tat einer Übertretung. In der Strafverfügung steht, Susi Straflos sei bei der versuchten Anhaltung nicht stehen geblieben.
Nicht jedoch ist vermerkt, ob diese Amtshandlung zum Beispiel mit Armzeichen oder Anhaltekelle erfolgte.
Somit ist die Übertretung nicht konkret genug bezeichnet und die Strafverfügung so gut wie Altpapier. Die Tat muß unmißverständlich beschrieben sein, sonst hält die Strafe einem Einspruch nicht statt.

Wer einmal geht, dem ...

Auch als Fußgänger ist man übrigens Straßenverkehrsteilnehmer - und somit nicht vor behördlichen Angriffen gefeiht.

Aber auch hier gilt für die Schlupfloch-Sucher: Achte auf's Formelle.

Leo "Lucky" Straflos torkelt wie so oft von seinem Stamm-Heurigen heim. Das Auto hat er brav stehen lassen - vor allem deshalb, weil es eh nur zweihundert Meter nach Hause sind. Weil er nicht mehr so sicher auf den Beinen ist, benutzt er die Fahrbahn. Nein, nicht (einmal) zum Pinkeln. Er zieht nur seine Schlangenlinien in perfektem Slalom den ganzen Mittelstreifen entlang ("Middlstreifn? Was fürn Middlstreifn, Herr Inspeka..?"). Prompt wird er angezeigt. Trotzdem bleibt er straflos.

In der Tatbeschreibung fehlt nämlich der läppische Satz "... obwohl ein Gehsteig vorhanden war" - somit ein Formalfehler. Denn in der Strafbegründung für das Delikt gehört dieser spezielle Satz nämlich ausdrücklich hinein, wie Luckys Neffe Rudi Straflos junior weiß.

" ... obwohl ein Gehsteig vorhanden war"

"Der Amtsschimmel wiehert, die Strafverfügung ist schon wieder Altpapier, Onkel Leo. Nun mußt Du nur noch darauf achten, den Fehler in der Verfügung nicht zu früh kundzutun..."

Nicht zu früh - damit die Behörde innerhalb ihrer Sechs-Monats-Frist keine Korrektur mehr vornehmen kann. Mehr zum Thema im

Kapitel "Du sollst die Zeit heiligen"

Findige Verkehrsünder kennen oft die unglaublichsten Ansatzpunkte, um eine Anzeige zu Fall zu bringen.

Nehmen wir einmal die immer beliebteren 30 km/h Zonen: Vor der Einrichtung eines solchen Langsamfahrbereiches muß ein Verkehrssachverständiger die Lage prüfen und dann eventuell bauliche Maßnahmen wie Schwellen oder Verschwenkungen vorschreiben. Werden diese aber nicht errichtet, gilt auch die Geschwindigkeitsbeschränkung nicht.

Werden angeordnete Baumaßnahmen nicht errichtet, gilt auch die Geschwindigkeitsbeschränkung nicht.

Das kommt in der Praxis gar nicht so selten vor, zumal die Herren Bürgermeister berechtigt sind, 30km/h Zonen zu verordnen. Sie müssen nur einen Verkehrssachverständigen beiziehen, der dann eben Auflagen erteilt. Deren Umsetzung ist aber ein ganz anderes Kapitel - und so eine Einladung für Geschwindigkeits-Übertreter, das Verfahren zu kippen.

Werden sie entfernt, gilt es nicht mehr.

Es soll auch schon vorgekommen sein, daß verordnete Schwellen gebaut wurden, diese aber Jahre später bei einer Neu-Asphaltierung entfernt wurden. Somit ist aber auch der Charakter der Zone nicht mehr vorhanden und die 30 km/h Zone angreifbar.
Aber oft sind es gar nicht die Staatsdiener,

die für Straflosigkeit trotz Anzeige sorgen. Vielmehr ist es häufig die löchrige Gesetzesmaterie, die Ansatzpunkte bieten, das Verfahren zu Fall zu bringen.

5. Gebot
Du sollst die
Gesetzeslücken kennen -
und nützen für Dich selbst

Rudi Straflos senior hat einen Termin am Magistrat. Er parkt in der Kurzparkzone beim Rathaus. Der zuständige Magistratsbeamte läßt sich viel Zeit ("Vom Hudeln kommen die Kinder, sag ich immer, hehehe").

Als Rudi Straflos zehn Minuten nach Ablauf des Parkscheins zu seinem Auto kommt, prangt prompt ein Strafzettel hinterm Scheibenwischer.
Am Abend tagt der Familienrat beim Essen. Der Junior hört sich die Sachlage an und empfiehlt seinem Vater, die Tafeln zu kontrollieren. "Schau, ob an irgendeiner Anfang- oder Endetafel eine weitere Tafel angebracht wurde, die nicht in der StVO aufgezählt ist."
"Warum das?", fragt Susi mit vollem Mund.
"Weil dann die ganze Zone ungültig ist. Das gleiche gilt, wenn mehr als zwei Tafel aus der StVO auf irgendeinem der Kurzparkzonenständer montiert ist, dann ist die Kurzparkzone auch ungültig."
"Das ist ja großartig", sagt Vater Straflos. "Da find ich sicher was."
"In Wien und Graz haben sie das schon mehrmals nachgebessert", weiß Rudi junior.
"Am Rathausplatz gab es ein ‚Halteverbot ausgenommen Busse'. Und auf derselben Stange war eine Zusatztafel mit den Parkgebühren, die Busfahrer zu bezahlen hatten, montiert. Und weil eben auf einem Verkehrszeichenständer keine Tafel angebracht sein darf, die es

Ist auf einem Verkehrszeichenständer eine Tafel angebracht, die es nicht in der StVO gibt, ist gleich das ganze Halteverbot ungültig.

nicht in der StVO gibt, war gleich das ganze Halteverbot ungültig."
Alle lächeln. "Und was das Beste ist", erzählt Rudi mit leuchtenden Augen weiter. "In einem anderen Fall war die Tafel ‚No camping' auf einem Verkehrszeichen an einer Einfahrtstrasse in eine regionale Kurzparkzone montiert. Und weil diese Tafel nicht in der StVO aufgezählt wird, war gleich die gesamte regionale Kurzparkzone ungültig. Ist schon höchstgerichtlich entschieden und schamhaft von der Behörde nachgebessert worden. "

No camping hieß Yes, parking...!

"Was? Das darf nicht wahr sein", lacht Susi und verschluckt sich.
"Doch. So ist das eben im Leben", sagt Straflos senior zufrieden und klopft seiner hustenden Tochter auf den Rücken.

Was den Straßenverkehr betrifft, sollte man übrigens nie gerade acht oder zwölf Jahre alte Kinder haben. Denn die befinden aufgrund einer Gesetzeslücke sich im rechtsfreien Raum: so ist die Mitnahme von Kindern am Sozius zwar genau geregelt, aber eben nicht für den 8. Geburtstag; ungeregelt ist auch der 12. Geburtstag beim Fahrradfahren.

Acht- und Zwölfjährige im rechtsfreien Raum

Traurig wird's, wenn die Lücke Dimensionen ermöglicht, die weit über einen nicht bezahlten Strafzettel hinausgeht: so ist etwa nicht geregelt, wer bei Folgeschäden nach einem Unfall mit Fahrerflucht für Opfer aufkommt.

Wer zahlt im Fall einer Behinderung? Wer zahlt Pflegegeld, den Wohnungsumbau, einen Arbeitsplatzverlust? Hier ist das Verkehrsopferschutzgesetz äußerst reparaturbedürftig.

Mehr privat als Staat

Was nach dem Gefahrengut-Beförderungsgesetz (GGBG) selbstverständlich ist - nämlich die Verfolgung eines flüchtigen Lenkers auf Privatgrund - funktioniert bei "b'soffenen Gschichten" im normalen Verkehrs-Alltag nicht:

Flüchtet sich ein Alkolenker auf einen Privatgrund, dann ist laut Gesetz der Alkotest zulässig - nicht aber das Betreten des Grundstückes durch die Beamten.

Flüchtet sich ein Alkolenker auf einen Privatgrund, dann ist zwar laut Gesetz der Alkotest zulässig - absurderweise nicht aber das Betreten des Grundstückes.
Außer der Besitzer erlaubt es.
Blöd wird es für die Behörde dann, wenn der Flüchtende selbst der Besitzer ist...

Oft wurde schon eine Strafe verhängt, weil der geflüchtete Lenker durch die geschlossene Wohnungstüre den Alkotest verweigert hatte, was genauso strafbar ist, wie schon nach der Anhaltung zu verweigern.
Und rein formell ist die Aufforderung zum Alkotest durch die Wohnungstüre trotzdem rechtens, obwohl die Beamten unerlaubt den Privatgrund betreten haben.

Wollte der Alkofahrer aber straflos bleiben – so müßte er nur eines tun: nämlich nichts. Nicht melden, nicht zu Tür gehen, es gibt in diesem Fall keine Handhabe für die wackeren Beamten, den Alkotest zu erzwingen.

Übrigens: die Blutabnahme an einem Bewußtlosen ist verfassungswidrig. Das Recht auf Achtung des Privatlebens wird dadurch verletzt, wie der Verfassungsgerichtshof festgestellt hat. Blut, das zufällig anfällt - etwa bei der Spurensicherung, für medizinische Zwecke oä. - darf ohne Zustimmung des Lenkers nicht auf Alkoholgehalt untersucht werden.
Was das für Probleme mit sich bringen kann, steht im Kapitel "Wenn Recht zu Unrecht wird."

Geradezu kriminell wird es auch beim Thema Nachschulungen als begleitende Maßnahmen beim Führerscheinentzug.

Nachschulung

Abgesehen davon, daß die Nachschulungen bei Alko-Unfall-Lenkern rechtlich strittig sind, weil die Kosten einen Strafcharakter darstellen, gibt es eine Riesenlücke im Gesetz:
Es fehlt die im Paragraph 36/2,3 Führerscheingesetz geforderte Verordnung, die regelt, wer diese Schulung überhaupt machen

Wer darf überhaupt nachschulen...?

darf.
Ebenso welches Vortragspersonal zu wählen ist, wie hoch die Kosten sein dürfen, wie lange die Dauer, was als Erfolg der Schulung gilt.

Nachschulungs-Verordnung ist nicht erlassen worden, weil kein Ministerium die Ermächtigung dazu hat...

Dennoch werden Schulungen bewilligt. Und das, obwohl laut Gesetz die Bewilligung nur im Sinne der - fehlenden - Verordnung möglich wäre. Trauriger Höhepunkt: die Verordnung ist auch deshalb nicht erlassen worden, weil kein Ministerium im Gesetz die Ermächtigung dazu bekommen hat.
Im Klartext: Wer zu Nachschulungen gehen muß, weiß nicht ob die Kosten angemessen sind, das Vortragspersonal überhaupt geeignet ist und ob die Dauer der Schulung richtig bemessen wurde. Es ist im Gesetz einfach nicht geregelt worden...

Konkurrenz im Gesetz

Es ist mehr als fraglich, ob der österreichische Führerscheinentzug überhaupt (EU-) gesetzeskonform ist

Es ist rechtlich strittig, ob der Führerscheinentzug - auch bei Alko-Unfall-Lenkern - überhaupt zulässig ist. Vor allem ist mehr als fraglich, ob die österreichische Form des Führerscheinentzuges überhaupt (EU-) gesetzeskonform ist. Denn laut der Judikatur des Europäischen Gerichtshofes darf eine Abnahme des Führerscheines nur durch unabhängige richterliche Instanzen verfügt werden.
In unserem Land aber wird der rosa Deckel

durch weisungsgebundene Beamte der Bezirksverwaltungsbehörden eingezogen – ein eindeutiger Bruch des EU-Rechtes.
Was wohl auch unser Gesetzgeber längst weiß. Und so wird hinter verschlossenen Türen bereits an einer Anpassung des Führerscheinabnahme-Verfahrens gearbeitet. Allerdings läßt man sich noch ein bißchen Zeit damit – schließlich bringen Alko-Lenker auch ein nettes Zusatzsalär ins Staatssäckel; hier gewinnt der "Blaue" Mehrfachbedeutung.
Das Verkehrsamt Wien handelt übrigens bereits nach dieser Erkenntis. Wird ein entzogener Führerschein nicht abgeliefert, setzt das Verkehrsamt keine weiteren Verfolgungshandlungen, um das rosa Papier zu bekommen.

Anpassung ans EU-Recht: Das Verkehrsamt Wien handelt bereits danach.

6. Du sollst
Deine ausländischen
Freunde heiligen!

Das österreichische Verkehrsrecht ist im Grunde sehr verwundbar. Eine wahre Achillesferse ist das Kapitel Lenkerauskunft.

Demnach muß grundsätzlich nach einer Anzeige der Zulassungsbesitzer oder ein "Dritter" Auskunft über den Lenker geben können, der zur Tatzeit gefahren ist.
In der Regel ist das der Zulassungsbesitzer selbst. Ist er im Inland ansässig und auch erreichbar, ist alles kein Problem.

Heikel wird es für die Behörde sobald der Lenker nicht erreichbar ist. Oder Lenker oder "der Dritte" im Ausland ist.

Heikel wird es für die Behörde aber, sobald der Lenker nicht erreichbar ist. Oder Lenker oder "der Dritte" ein Ausländer ist und in Österreich keinen Wohnsitz hat.

Straflos senior wartet schon ungeduldig, bis sein Sohn nach Hause kommt. Er muß ihn unbedingt etwas fragen.
Endlich hört er den Schlüssel im Schloß. "Wo warst Du denn so lange?"
"Äh, bei der Monica. Lernen, Papa, für die Uni."
"So, so, lernen. Na, komm gleich her. Ich muß mit dir reden."
"Was ist denn los, ist was passiert?"
"Nein, aber ich hab was gehört, das mir keine Ruhe läßt. In der Firma haben zwei Kollegen über einem behördlich aussehenden Papier gebrütet. Und dann hat der eine zum anderen

gesagt, kein Problem, das machen wir mit dem Ausländer-Schmäh. Hast recht, hat der andere geantwortet, wozu hammas denn, die Ausländer. Und dann haben die laut gelacht und sind hinausgegangen. Glaubst du, das sind Nazis?"
"Also ich denke, die haben ganz einfach eine Lenkererhebung besprochen. Und sich dann auf den Ausländertrick geeinigt."
"Ah, der Ausländertrick. Diese Sache, die Du manchmal mit dem Joszef vom Plattensee durchexerzierst?"
"Ja, genau. Du weißt ja, eine Schwachstelle im Verkehrsrecht bietet vier Möglichkeiten, der Strafe zu entgehen."
"Gleich vier?"
"Ja, erstens, Du gibst einen Ausländer als Lenker zur Tatzeit an."
"So wie wir etwa den Joszef."
"Ja, kein Problem. Es muß diese angegebene Person nur geben. Du mußt Name und Adresse haben und wissen, daß er einen Führerschein hat."
"Aber, was ich dich schon lange fragen wollte, kriegt der dann keine Probleme bei der Einreise nach Österreich?", fragt Papa Straflos unbehaglich.
"Nein, wieso denn. Solche offenen Vormerkungen werden bei der jeweiligen Wohnsitzbehörde in Evidenz gehalten. Und er wohnt ja nicht in Österreich. Somit ist der Akt reif fürs Altpapier."

Ausländer als Lenker. Es muß die angegebene Person nur geben: Name, Adresse und Kenntnis vom Führerschein genügt

Ausländer als Lenker, Auskunftsperson oder als Zeuge

Papa Straflos pfeift beeindruckt. "Was gibt's noch für eine Möglichkeit?"

"Du gibst einen Ausländer als den im Recht angeführten ‚Dritten' an, der weiß, wer gelenkt hat. Dem hast Du damals dein Auto zur freien Verfügung geborgt. Und Du weißt nicht, wer gelenkt hat, das müssen sie schon ihn fragen."

"Unglaublich..."

"Dritte Möglichkeit", fährt Rudi junior ungerührt fort, "du gibst einen Ausländer als wichtigen Zeugen an, der für die Wahrheitsfindung unentbehrlich ist. Der ist im Auto zur Tatzeit hinter dir gefahren. Leider ist er zur Zeit im Ausland, weil er dort wohnt. Somit ist er für die Behörde nicht erreichbar. Da er aber bezeugen kann, daß Du völlig unschuldig bist, ist er für das Verfahren notwendig."

"Glaubt dir das einer?"

"Um die Geschichte zu erhärten, lege ich einen Brief von ihm bei, wo er meine Unschuld versichert. Gleichzeitig aber bedauert, daß er gerade unabkömmlich ist. Er kann aber nicht geladen werden, da er nicht erreichbar ist – weil im Ausland."

"Na und was ist, wenn sie mich bestrafen, ohne den ‚Zeugen' gehört zu haben?"

"Dann erhebst Du sofort Einspruch, den Du sicher gewinnst. Es muß nur glaubhaft sein, daß es den Zeugen gibt, daß er alles gesehen hat und daher für die Wahrheitsfindung unentbehrlich ist."

Rudi Straflos junior weiß wie immer, wovon er spricht. Schlupfloch-Sucher bedienen sich dieser Schwachstellen im Recht, wann immer es nur geht.

Von wo der angegebene Ausländer (die Ausländerin) stammt, spielt keine Rolle. Italien, die Schweiz und Deutschland meiden die Gesetzeslücken-Experten allerdings - denn dort ist die rechtliche Lage mit im Ausland ansässigen Lenkern nicht ganz so eindeutig (es gibt verschiedene Rechtshilfe- oder Zustellabkommen.).

Und der Genannte sollte problemlos mit dem Auto nach Österreich gekommen sein können. Denn sobald etwa Uncle Ben aus Amerika der Lenker gewesen war, ist der (Luft-)Weg allzu nachvollziehbar.

Wenn der genannte Ausländer aber mit Auto oder Öffis aus einem kontinentalen Land einreisen konnte, ist das alles kein Problem – denn ein gültiger Einreisestempel ist nicht als Beweis gefordert (geht auch gar nicht, dazu haben wir seit der EU-Öffnung viel zuwenig Zöllner...).

Wenn der genannte Ausländer mit Auto oder Öffis aus einem kontinentalen Land einreisen konnte, ist alles kein Problem. Gültiger Einreisestempel ist nicht gefordert.

Die vifen Sünder achten nur darauf, daß es diese "dritte Person" tatsächlich gibt. Alles andere regelt sich quasi von selbst.

Denn wenn es kein Zustellabkommen gibt, kann die Behörde nicht zustellen. Wenn nicht zugestellt wird, kann kein Lenker geladen werden.

Ohne Einvernahme des potentiellen Verkehrssünders gibt es kein gültiges Verfahren. Und dann ist die Sechs-Monats-Frist schon bald um (siehe "Du sollst die Zeit heiligen."..)

"Du hast gesagt, es gibt noch eine vierte Möglichkeit", sagt Straflos senior.
"Stimmt, eine ganz ausgekochte", antwortet sein Sohn. "Die habe ich erst kürzlich von einem Wiener Juristen gehört. Der gibt im Verfahren einfach einen Ausländer als Vertreter an."
"Einen Anwalt im Ausland, was soll das bringen?"
"Kein Anwalt, Papa. Laut Gesetz muß der Vertreter kein Rechtsanwalt sein, nur mit der Sachlage vertraut. Und der muß auch kein Österreicher sein."
"Das heißt, ich könnte auch theoretisch den feschen Badewaschl vom Palatonsee, der im letzten Urlaub Susi schöne Augen gemacht hat ...?"
"Ja, Papa. Er braucht nur eine Vollmacht, die legst Du im Verfahren vor. Und die Sache ist gegessen, weil der Brief nicht korrekt zustellbar ist ..."
"Tsss, tss", macht Vater Straflos. "Sachen gibt's..."

Ungarischer Badewaschl als Rechtsvertreter...

Übrigens: eine Einrichtung wie die Lenkerauskunft gibt's in Deutschland nicht, in Österreich wurde sie zweimal vom Verfassungsgerichtshof als verfassungswidrig aufgehoben. Schließlich aber zur Verfassungsbestimmung (!) erhoben. Womit unser Staatsgrundgesetz wieder um einen – recht unbrauchbaren – Zusatzballast erweitert wurde.

Liebe Behörde und Behördinnen

Erinnerst Du Dich noch, lieber Leser? Zu Beginn des Buches, am Weihnachtsabend, hat Straflos Junior seinen Freund Joszef in Budapest angerufen. Hier ist nun der Rest der Geschichte.

"Hallo Joszef, hier spricht der Rudi aus Wien. Frohe Weihnachten."
"Hallo Rrrrudi, mein Frrreind. Frrrrohe Weihnachten. Wie gäht es eich, vorr allem deiner Frrau Mama und deiner hiebschen Schwesterrr?"
"Uns geht es gut. Aber Du mußt ja wieder ordentlich geknickt sein."
"Warrrum denn, Rrrudi?"
"Na, Du bist ja wieder einmal mit unserem Auto gefahren."
"Ich bin mit... Ach so, ja, natürrrlich, verrrstehe. Wann ich bin denn gefahrrren?"
"Gestern. Und Du hast wieder einmal falsch geparkt, Du Schlimmer."
"Naja, Du weißt ja, wirr Ausländer kennen ja

> Österreich hat für ausländische Verkehrssünder keine Verfolgungsmöglichkeit – Ausnahme Deutschland. Mit anderen Ländern gibt es kein funktionierendes Zustellabkommen.

nicht Verkehrstafeln. Hahaha..."
Für Joszef ist das Ganze kein Problem. Er weiß, daß ihn die österreichischen Behörden wegen Falschparkens oder anderer Straßenverkehrsdelikte nicht bestrafen können. Auch wenn er gelegentlich nach Österreich fährt, kann er weder an der Grenze noch im Inland zur Kassa gebeten werden.
Österreich hat, wie erwähnt für ausländische Verkehrssünder keine Verfolgungsmöglichkeit, mit Ausnahme von Deutschland.
Mit anderen Ländern, so auch mit Ungarn, gibt es kein wirklich funktionierendes Zustellabkommen von Behördenbriefen.

Als einige Wochen später der ungarische Briefträger die Strafverfügung bei Joszef abliefert, erhält die österreichische Behörde somit keinen unterschriebenen Rückabschnitt, der bestätigen würde, daß Joszef den Brief tatsächlich erhalten hat. Den müßte nämlich der Briefträger selbst, möglicherweise noch auf seine eigenen Kosten, an die österreichische Behörde zurückschicken.
Warum sollte sich das ein ausländischer Briefträger antun?
So hat Joszef den Brief nie nachweislich bekommen, damit kann das Verfahren nicht ordungsgemäß abwickelt werden.
Joszef könnte den blauen Brief von der österreichischen Behörde wegschmeißen, die Sache wäre damit erledigt.

Aber Joszef ist ein Österreich-Fan. Und der Campingplatzbesitzer liebt es, den österreichischen Amtsschimmel zu füttern ("Schließlich warrren wirrr alle einmal in die k.u.k. Monarrrchie").
Und obwohl das Verfahren mit dem mangelhaft zugestellten Brief erledigt gewesen wäre, beschließen Rudi Straflos junior und Joszef sich einen Jux mit der Behörde zu machen.

Danach greift Joszef zu Papier und Schreiber und verfaßt folgenden Brief in seiner umständlichen, gerade noch lesbaren Handschrift:

"Liebe Behörde und Behördinnen! (Eigentlich müßte es heißen: Liebe Behörde und Behörder, aber Joszef kennt sich mit der deutschen Grammatik nicht so gut aus.)
Entschuldigen sie meine schlechte Deitsch. Ich nicht kann lesen die Schreiben in blaue Brief. Schicken sie bitte ungarisch übersetzen Brief.
Grüße von Joszef"

Fritz Absolut, den österreichischen Strafreferenten, setzt es zunächst regelrecht auf seinen Hintern, als er Joszefs Antwort erhält. Jeder andere Referent hätte jetzt schon aufgesteckt, aber doch nicht, was ein rechter Absolut ist. So eine Frechheit, wo sollte er denn einen Dolmetsch herzaubern?

Doch dann fällt ihm Ilona ein, die ungarischstämmige Reinigungskraft, die seit einem halben Jahr im Amt arbeitet.
Ilona fällt ihm überhaupt oft ein, dem Fritz Absolut.
Auf die dralle Blondine haben ja schon einige Kollegen ein Auge geworfen. Fritz selbst natürlich nicht, nein.
Er steht ja eigentlich auf weniger üppige Damen, aber die Ilona, die hat was.
"Muß der ungarische Akzent sein", denkt Absolut.
Apropos ungarischer Akzent – schon ist der Herr Strafreferent wieder in der Realität.
Und macht sich an die Arbeit, ein Schreiben aufzusetzen, das die Ilona dann für diesen frechen Ungarn übersetzen soll...
Joszef freut sich königlich, als er den Brief in ungarischer Sprache bekommt.

Die ungarischen Behörden denken gar nicht daran, den Österreichern bei der Eintreibung der Strafgelder zu helfen

Auch den könnte er wegwerfen, es hätte keinerlei Konsequenzen für ihn. Weder die österreichischen Behörden noch die ungarischen könnten ihn bestrafen. Die ungarischen denken übrigens gar nicht daran, den Österreichern bei der Eintreibung ihrer Strafgelder zu helfen.
Aber Joszef und Rudi füttern lieber den Amtsschimmel weiter. Kurze Besprechung, dann schreibt Joszef dem Strafreferenten zurück:
"Liebe Behörde und Behördinnen; Danke für ungarisches Brief. Ich glaube nicht, daß ich

habe falsch geparkt. Schicken sie bitte Foto, wo ich soll haben falsch geparkt, wenn meglich auch Skizze und genaue Aussage von Wachmann in ihre schönen Stadt, der mich haben angezeigt.
Schene Grüsze Joszef"

Ob Du es glaubst oder nicht, lieber Autofahrer. Solche und ähnliche Schreiben sind keine Seltenheit. Natürlich beruhen sie zumeist nicht auf der Wahrheit. Und dennoch sind unserer Behörden aufgrund der Rechtslage machtlos dagegen.

Behörden sind machtlos gegen solche Schreiben

Wochen später: Fritz Absolut platzt fast vor Wut.
Inspektor Eintreib, der ihn gerade im Amt besucht, liegt ein Schmäh auf der Zunge.
"Weißt Du eigentlich den Unterschied zwischen einer ungarischen Salami und einer Blond..."
Als ihn der mörderische Blick vom Herrn Strafreferenten trifft, weiß er, daß es besser ist, sich die Pointe für ein anderes Leben aufzuheben. Statt dessen fragt er: "Na, was war jetzt wieder?"
"Wir haben diesem Ungarn noch zweimal zurückgeschrieben. Der glaubt ja, er kann mit uns da einen Mulatschag machen. Aber nicht mit mir, das schwör ich dir." Zitternd vor Wut sucht er nach einer Zigarette.
"Du hast doch erst aufgehört damit, oder

nicht?", fragt Eintreib vorsichtig.
"Hatte! Hatte, mein Lieber", zischt Absolut und pafft hektisch. "Ich sag dir was, ich könnt den Kerl in der Luft zerreißen."
"Was ist denn, beruhig dich doch, Fritzl", sagt Eintreib und schielt über die Schulter des Referenten auf das "Rauchen verboten"-Taferl an der Wand.
"Beruhigen, beruhigen, wie denn. Schickt uns der Typ doch jedesmal einen frechen Brief zurück. Und pickt auch noch zuwenig Porto drauf. Weißt du, was uns die ganze Amtshandlung schon gekostet hat? Abgesehen von der Zeit und den Nerven, meine ich. Also, wie, frag ich Dich. Wie soll ich mich da beruhigen."
"Sag schon, was ist passiert?"
Wortlos und zornesbleich zeigt Absolut auf einen zerknitterten Brief am Schreibtisch.
"Liebe Behörde und Behördinnen!
Ich haben nix falsch geparkt. Ich habe Zeugen, der war meine Beifahrer. Er heißt Ladi K. und wohnt in Slovakia, Adresse ...
Fragen sie Ladi, aber er versteht nix deutsch. Schicken sie Ladi bitte Brief von Slowakisch übersetzen.
Außerdem habe ich Frage: warum schreiben sie so oft Brief, ich haben kein Geld für bezahlen Strafe. Besser sie fangen richtig Verbrecher. Grüsze von Joszef"
"Ich versteh dich", läßt Eintreib langsam den Brief sinken. "Es wird immer beschissener in der Hackn."

7. Gebot: Du sollst nicht immer erreichbar sein. Oder: Wenn der Postmann keinmal klingelt

Leo "Lucky" Straflos, der jüngere Bruder von Straflos senior, ist bekanntlich kein Kind von Traurigkeit. Nicht im Verkehr, und nicht auf der Straße. Und doch zahlt er seit Jahren keine Strafe. Denn er kennt durch seinen Neffen Rudi eine große Schwachstelle im Gesetz. Die Sache mit der Zustellung der behördlichen Schreiben durch den Briefträger, in Fachkreisen nur "der Zustelltrick" genannt.

Beim Feuerwehrfest im Waldviertler Wochenend-Domizil, wo die ganze Sippe Straflos versammelt ist, gibt Lucky Leo zum Besten, wie er das macht:
"Auf meinem Auto ist ein Strafzettel. Der ist für den Papierkorb. Dann kommt die Anonymverfügung an mich als Zulassungsbesitzer; auch weg damit. Vier Wochen hätte der Lenker Zeit zum Bezahlen, doch die Behörde weiß ja noch nicht, wer gefahren ist. Eine Woche später gehe ich aufs Postamt und melde mich für so lange ortsabwesend, bis sechs Monate ab Tatzeit vorbei sind. Somit kann innerhalb der Verjährungsfrist gegen den Lenker, der ja nie und nimmer ich war, keine Verfolgungshandlung gesetzt werden. Der Lenker ist ja noch gar nicht bekannt. Und ich bin zwar Zulassungsbesitzer, was aber nicht zugleich heißt, daß ich auch der Lenker war ..."

Der Zustelltrick – straflos bei allen Anzeigen nach dem Kennzeichen

Stimmt, Lucky. Egal ob Falschparken, Schnellfahren oder bei Rot über die Kreuzung – mit diesem Trick bleiben Schlupfloch-Experten bei allen Anzeigen aufgrund des Kennzeichens straflos.

Abgefeimtere Schlupfloch-Füchse wie "Lucky" Straflos treiben das Spielchen mit der Postabmeldung sogar noch weiter.
Sie melden sich wie nach Luckys Methode rechtzeitig ab, geben an, daß die normale Post von der Familie entgegengenommen wird, somit zugestellt werden kann.
Alle Rsa und Rsb Briefe, also die Liebesgrüße von Behörden, könnten jedoch nicht angenommen werden und sollten somit auch nicht zugestellt werden.
Manchmal aber hat es den Anschein, als ob ausgekochte Verkehrssünder sich geradezu einen Sport daraus machen, den Amtsschimmel zu mästen.
So meldet sich ein Spezialist zwar ein paar Monate bei der Post ab, aber nur so, daß - sagen wir nach fünf Monaten - termingerecht doch noch eine Strafverfügung zugestellt werden kann.
Diese beeinsprucht er mit dem lapidaren Satz: "Ich erhebe Einspruch."

Nun wird ein Verfahren eingeleitet. Es folgt die Ladung als Beschuldigter. Kommt die Ladung in einem normalen Brief, wird sie ignoriert.

Kommt die Ladung eingeschrieben und liegt der Termin vor dem Ende der Sechs-Monatsfrist, läßt er ihn entweder verschieben.
Oder er geht hin, nimmt Akteneinsicht.
Wenn noch Zeitgewinn nötig ist, kopiert er den Akt und nimmt dann dazu Stellung. Schriftlich. Darin beeinsprucht er die Strafverfügung. Und stellt Beweisanträge. Wodurch er wieder einige Wochen gewinnt (siehe Kapitel "Du sollst die Zeit heiligen") Und gibt bekannt, daß er gar nicht der Lenker war. Dafür gibt er an, schriftlich den Lenker bekannt zu geben - binnen 14 Tagen. Und da ist er schon wieder über die magische Verfolgungsverjährungsgrenze von sechs Monaten hinaus. Das Ergebnis – wieder straflos geblieben (siehe Kapitel „Du sollst die Zeit heiligen").

Das Spiel mit den zwei Wohnsitzen

Eine Variante dazu ist auch das beliebte Spiel mit zwei Wohnsitzen.
Weil nur zum Hauptwohnsitz zugestellt wird, warten die Beschuldigten oft zu und melden sich erst nach der Verjährung.
Dazu die mit Zeugen – falls es welche gibt – vorgebrachte Begründung: sie hätten sich die ganze Zeit am anderen Wohnsitz aufgehalten, deshalb leider nichts von dem Verfahren gewußt ...
Manchmal wird es stimmen, manchmal nicht. Die Behörden sind machtlos, so unglaublich einfach das klingt: der Trick führt zur Straflosigkeit. Und wird immer öfter angewandt...

Was die Jungs von der Schlupfloch-Brigade auch längst wissen, ist für Fritz Absolut, den wackeren Strafreferenten, ein wahres Kreuz: Sind verschiedene Wohnsitze im Spiel, müssen sich auch andere Bezirksverwaltungsbehörden oder Gemeinden im Zuge der Amtshilfe mit diesen "Fremdakten" beschäftigen. Was sie seeeehr ungern tun.

Öffentliche Stellen haben keine Freude an "Fremdakten"

"Die lassen sich ewig Zeit, hauen die Akte unten in den Korb. Oder überhaupt gleich darunter", klagt Absolut dem Inspektor Eintreib sein Leid. "Und wenn Du das dritte Mal nachfragst, hängen die dir dann auch gleich eine Goschen an, da brauchst dir nix zu denken."
Eintreib: "Ich kenn das."
Absolut: "Was glauben die eigentlich. Es ist doch meine verdammte Pflicht und Schuldigkeit, daß ich das eintreib!"
"Stimmt", sagt Eintreib. "Absolut."

Weg und doch da - wie David Copperfield

Ortsabwesend nach dem Zustellgesetz ist, wer sich nicht regelmäßig am Wohnort aufhält. Und das Wörtchen "regelmäßig" ist in diesem Zusammenhang mindestens so dehnbar wie Bill Clintons Zigarrenetui.

Ortsabwesend ist, wer sich nicht regelmäßig am Wohnort aufhält

Nach dem Zustellgesetz muß man sich jedenfalls weder beim Meldeamt abmelden noch der Post kundtun, wo man sich aufhält. Es genügt, sich ortsabwesend zu melden, weil man eben nicht regelmäßig zu Hause ist.

Früher war es so, daß man sich bei der Post als verreist melden mußte; heute muß der Postler die Abwesenheit von sich aus feststellen (Der Briefträger hat ja sonst auch nichts zu tun, zwischen dem Schleppen normalen Post, der Versandhauskataloge und der Massenpostsendungen...).

Deshalb rühren sich Insider, die auf Urlaub waren und einen Hinterlegungszettel in ihrem Postfach vorfinden, einfach nicht.

Denn nach 21 Tagen ab Hinterlegung geht der Brief vom Postamt zurück an die Behörde.

Erst kurz, bevor die berühmten sechs Monate der Behörde um sind (siehe auch Kapitel "Du sollst die Zeit heiligen") teilen die Schlupfloch-Kenner mit, daß sie auf Urlaub waren (legen einen Beweis wie Paßstempel oder

Buchungsunterlagen vor, oder nennen Zeugen dafür, daß sie etwa "am Neusiedlersee campen waren") und ersuchen um neuerliche Zustellung.
Pro forma versteht sich, den die Sache ist ja bereits verjährt.
Manchmal wird auch hinterlegt, obwohl die Abwesenheit bei der Post gemeldet wurde, weil die Postler seit der Umstrukturierung häufig einfach überfordert sind.

8. Gebot

Du sollst die Zeit heiligen

Sechs Monate. Sechs Monate ist die magische Grenze, über die Schlupfloch-Spezialisten kommen müssen.

Denn innerhalb dieser Frist muß die Behörde
1. dem tatsächlichen Täter
2. eine Übertretung
3. korrekt
4. anlasten.

> Sobald die Behörde fristgerecht eine korrekte Strafverfügung an den eigentlichen Täter ausgeschickt hat, gilt sie als zugestellt. Daher wird versucht, den wahren Täter möglichst (lange) zu verheimlichen.

Und hier setzen die Schlupfloch-Profis regelmäßig den Hebel für ihre Fluchttechniken an. Sie wissen eines: Sobald die Behörde fristgerecht eine korrekte Strafverfügung an den eigentlichen Täter ausgeschickt hat, gilt die als zugestellt.

Somit ist der Ablauf der Sechs-Monats-Frist zunächst einmal gehemmt, und die Behörde ist fein raus. Egal ob der Täter das Schreiben auch bekommen hat oder nicht.

Und das wissen die Schlupfloch-Spezialisten natürlich ganz genau. Und so trachten sie vor allem einmal danach, durch alle möglichen Tricks den eigentlichen Täter zu verheimlichen.

Oder eben – siehe "Ausländertricks" – eine unerreichbare Auskunftsperson oder einen solchen Entlastungszeugen anzuführen.

Sie erschweren der Behörde die Suche nach dem Täter. Und schinden Zeit durch verschiedene Tricks (siehe auch die entsprechenden Kapitel in diesem Buch).

Sie verlangen die Einvernahme des Anzeigers und von Zeugen, dazu eine maßstabsgetreue Skizze, ein Zeit-Weg-Diagramm, ein Foto aus der Radarkamera usw.
Ist die Sechs-Monats-Grenze schon fast erreicht, geben sie an, gar nicht der Lenker zu sein; dann geht das Spiel von vorne los, bis – es eben zu spät ist. Und nach sechs Monaten kann sich die Behörde wie erwähnt den Akt in den .... Ablagekasten schieben.

Zeitverzögerung durch verlangte Einvernahme des Anzeigers, von Zeugen, dazu Skizzen, ein Zeit-Weg-Diagramme, Bilder der Radarkamera usw.

"Wenn das mit den sechs Monaten bekannt ist, warum hat man dann nicht einfach seitens des Gesetzgebers diese Frist verlängert?", fragt Susi Straflos ihren Bruder.
"Ganz einfach, weil die Behörde selbst eine Frist braucht. Damit das Werkel überhaupt läuft. Der Verwaltungsapparat erstickt sowieso schon im Papierkrieg. Wenn die unerledigten Akte viel länger oder gar ewig auf den Schreibtischen der Referenten lagern dürften, so könnte so manche Behörde gleich einen Altpapiersammelplatz in ihren Amtsräumen einrichten."

Die Behörde selbst braucht die Frist. Der Verwaltungsapparat erstickt ohnehinim Papierkrieg.

Wenn ein Schlupfloch-Profi nach Punkt 2 oder 3 einen Formal- oder sonstigen Fehler in einer Strafverfügung findet, trachtet er nur noch danach, durch Beweisanträge und Terminverschiebungen sicherzustellen, daß die sechs Monate verstreichen. Erst dann weist er auf diesen Formmangel hin (siehe "Du sollst den Amtsschimmel füttern.") So kann die Behörde nicht mehr vor dem Ablauf der Verjährungsfrist eine korrigierte Strafverfügung ausstellen.

Verjährt, verfolgt, vermonatet

Susi Straflos: "Opa?"
"Ja?"
"Ich brauch was."
"Du brauchst was aus meiner Sammlung? Das ist ja großartig. Ich hab da grad ein echtes Gustostü..."
"Nein, Opa, was anderes."
"Geld? Hab ich selbst keines. Was glaubst, wieviel diese ganzen Gesetzesbücher kosten."
"Nein, ich brauch nur eine kleine Erklärung. Irgendwie hab ich es immer noch nicht kapiert, was es da für Verjährungfristen gibt."
"Ach so", sagt Opa enttäuscht. "Das ist ja viel zu leichtgewichtig für meine Sammlung.
Aber paß auf. Drei Jahre Strafbarkeitsverjährung bedeutet im Klartext: Ist innerhalb von drei Jahren niemand rechtskräftig bestraft worden, kann auch keiner mehr bestraft werden."
Susi: "Aha, dann heißt Vollstreckungs-Verjährung – wenn es der Staat nicht schafft,

Strafbarkeitsverjährung: Ist innerhalb von drei Jahren niemand rechtskräftig bestraft worden, kann auch keiner mehr bestraft werden.

innerhalb von drei Jahren ab rechtskräftiger Bestrafung die Kohle auch einzutreiben, kann er sie abschreiben."
"Nicht ganz juristisch, aber korrekt", schmunzelt Opa. "Dafür ist im Gesetz was juristisch, aber nicht korrekt. Die dritte Möglichkeit heißt nämlich Verfolgungsver j ä h r ung, dauert aber nicht einmal ein Jahr, sondern tritt schon nach sechs Monaten ein. Innerhalb dieser Frist muß die Behörde dem tatsächlichen Täter eine Übertretung korrekt anlasten. Sonst heißt es: nie mehr Strafe zahlen."

Vollstreckungs-Verjährung: der Staat muß innerhalb von drei Jahren ab rechtskräftiger Bestrafung das Geld eingetrieben haben.

Straßburg, wir kommen

"Ich bin ja so unglücklich", schluchzt Elfi Marek. Emma Straflos hat seit einer Stunde alle Hände voll zu tun, ihre aufgelöste Nachbarin zu beruhigen. Nicht einmal drei Stamperl vom "Dunklen" aus Straflos seniors Geheimvorrat haben was genützt.
Der Grund für Frau Mareks Verzweiflung: Ihr ist ein Straferkenntnis zugestellt worden.
"Immer mit der Ruhe. Warten wir bis mein Bub heimkommt, der weiß schon was zu tun ist."
Wenig später kommt Rudi Straflos junior nach Hause, hört sich die Sachlage an und liest sich das Schreiben durch.
"Daß Sie heute mit dem Wisch dasitzen, ist Ihre Schuld. Warum sind's nicht füher zu uns gekommen." Elfi Marek heult schon wieder los.
"Aber keine Panik", setzt der junge Rudi fort.

"Wir kriegen das schon hin. Jetzt beginnt das Spiel mit den Behörden erst. Zunächst einmal..."

Was Straflos junior der Nachbarin dann erläutert, ist die Schilderung des Instanzenlaufes. Mit all seine Möglichkeiten; mit all seinen Schwächen.

Gegen das Straferkenntnis der Erstinstanz ist innerhalb einer Frist von 14 Tagen ab Zustellung die Berufung an den Unabhängigen Verwaltungssenat (UVS) zulässig.

Ab Straferkenntnis geht es weiter zum UVS

"Und dort weiß man heute schon nicht, was man mit all den Akten machen soll", sagt Rudi. Und er kennt sich aus.
"Aber was wird mich das kosten", schnieft Frau Marek.
"Bis dahin ist jeder Schriftsatz gebührenfrei. Im Falle des Straferkenntnisses wird ein Verfahrenskostenbeitrag in der Höhe von 10 Prozent der verhängten Geldstrafe vorgeschrieben."
"Geldstrafe? Buuuhhh..."
"Beruhigen Sie sich", sagt Rudi.
"WollnS' noch ein Stamperl?", fragt Emma.
"Ja, bitte."
"Ich auch", sagt Rudi. Und seine Mama schenkt ihm – in Anbetracht der Notstandssituation – widerspruchslos ein.

Die Berufung ist nicht zu vergebühren. Sollte

der UVS das Straferkenntnis voll bestätigen, so kostet das einen Berufungskostenbeitrag von 20 Prozent der verhängten Geldstrafe. Dazu kommen die Kosten des erstinstanzlichen Verfahrens.

"Wird die Strafe herabgesetzt oder das Straferkenntnis aufgehoben, entfallen für die Berufung alle Kosten."
"Kosten? Welche Kosten?", fragt Elfi Marek verwirrt. "Darf ich noch ein Stamperl kosten?"

Emma schenkt nach, nicht ohne sorgenvoll den Alkoholspiegel in der Flasche mit dem der Frau Marek zu vergleichen.

Gegen die Entscheidung des UVS ist das außerordentliche Rechtsmittel an den Verwaltungs- oder Verfassungsgerichtshof möglich. Die Beschwerde ist mit 2.500,- Schilling zu vergebühren, muß von einem Rechtsanwalt unterfertigt sein und innerhalb von sechs Wochen ab Zustellung der UVS-Entscheidung eingebracht sein.

"Man kann sogar gleichzeitig an den Verwaltungs- und den Verfassungsgerichtshof gehen."
"Wer soll das bezahln, wer hasso viel Geld...", trällert Elfi Marek los.
Rudi und seine Mutter wechseln einen Blick.
"Kein Problem, Frau Marek", sagt Rudi und ver-

Wird die Strafe beim UVS herabgesetzt oder das Straferkenntnis aufgehoben, entfallen für die Berufung alle Kosten.

Gegen die Entscheidung des UVS ist das außerordentliche Rechtsmittel an Verwaltungs- oder Verfassungsgerichtshof möglich.

Kostenlose Verfahrenshilfe bei geringem Einkommen ist möglich und üblich.

beißt sich das Grinsen. "Es gibt ja die Möglichkeit der kostenlosen Verfahrenshilfe. Und es ist gang und gäbe, wenn das Einkommen nicht über 13.000 Schilling liegt, daß die für Verfahren bei den Höchstgerichten genehmigt wird."
"Genehmigt? Na dann genehmigen wir uns doch noch ein'n", sagt die Nachbarin und hält Frau Straflos ihr Glas zum Nachfüllen hin.
"Jetzt ist dann aber schön langsam Schluß, glaube ich", sagt Emma nachdrücklich.
Ihr Sohn, der in einem Gesetzbuch blättert und sich deshalb angesprochen fühlt, sagt: "Schluß ist dann noch immer nicht, Mama. Sind diese Verfahren abgeschlossen und man hat nichts gewonnen, gibt's noch immer den Weg nach Straßburg."

"Schtrasbur? Wieso Schtrasch, wieso Straschburg", nuschelt Elfi Marek.
"Na weil dort der Europäische Gerichtshof wartet."
"Auf wen?"
"Na auf Sie!"
"Auf mich wartet wer? Jessas ja, mein Mann!", kreischt Frau Marek. "Der wartet ja schon seit einer halben Stunde auf's Essen! Ich muß sofort hinüber. Und ihm erzählen, daß wir vielleicht bald nach Dings da, nach Straßhof fahren müssen..."

"Was ist den hier los?", fragt Straflos senior, der gerade hereinkommt und an der Türe fast von Frau Marek über den Haufen gerannt wird.

"Typischer Fall von doppeltem Erkennisschock", grinst Rudi Straflos junior. "Der eine macht dich besoffen, der andere gleich wieder nüchtern."

Was Rudi Straflos junior seiner Nachbarin da erklärt hat, zeigt auch die gewaltige Maschinerie, die sich mit Berufungen in Gang setzen läßt. Deren Kosten und Aufwand steht nicht sehr oft in einer vernünftigen Relation zur Verwaltungsübertretung - vor allem nicht für die Behörden.

Zählen wir zusammen:
Für das gesamten Verfahren der Elfi Marek wären zunächst ein Beamter der Erstbehörde und ein Richter (bei Strafen über S 10.000,-- ein Dreirichtersenat des UVS) tätig. Bei einer Beschwerde an den VwGH tagt nochmals ein Dreirichtersenat, beim VfGH bestenfalls ein Senat aus fünf Richtern, schlechtestenfalls ein Senat aus vierzehn Richtern (Anm.: Die Redaktion ersucht all die Schrift- und Protokollführer, Amtsdiener und -boten, die ebenfalls an solchen Vorgängen tätlich beteiligt sind, nicht beleidigt zu sein, daß sie hier nicht extra erwähnt und aufgezählt werden ...)

Verfahrensdauer von über fünf Jahren nichts Besonderes...

Die Verfahrensdauer bis zum Abschluß eines Berufungsverfahrens beträgt maximal drei Jahre (Strafbarkeits-Verjährung), wobei das Rechtsmittelverfahren beim VwGH und VfGH dabei unberücksichtigt bleibt, sodaß eine Verfahrensdauer von über fünf Jahren bei einmaliger Aufhebung durch eines der Höchstgerichte nichts Besonderes ist. Beamtete Mühlen mahlen nun mal langsam. Manchmal auch zu langsam.

9. Gebot

Du sollst Dir Freunde machen

Weil wir gerade bei den Beamten sind. Beamte sind Menschen. Fehlbar wie wir alle - außer dem Papst natürlich. Aber der ist ja kein Beamter.
Gerade Beamte machen Fehler. Besonders in Österreich. Nicht nur, weil sie allzu menschlich sind. Sondern auch, weil das k. u. k. Verwaltungsstaat-Erbe schwer auf den Schultern unserer Staatsdiener lastet.
Nicht immer bedienen sich die Schlupfloch-Piraten deshalb gleich schwerer Geschütze, wie dem Ausländer- oder dem Zustelltrick.
Vor allem nicht, wenn sie von der Exekutive gestoppt werden und somit der Lenker bekannt ist. Die Spezialisten halten es eher mit dem Spruch: "Ich kam, lächelte und siegte ..."

Freundlich lächeln, höflich grüßen, Verständnis für den schweren Exekutivjob bekunden wirkt oft wahre Wunder

Freundlich lächeln, höflich grüßen, Verständnis für den schweren Exekutivjob bekunden ("Mein Onkel war auch lange Gendarm, bis sie ihn hinausgew..., äh, bis er wegen einer Berufskrankheit den Job gewechselt hat. Ist ja wirklich ein harter Beruf, den Sie da haben...") - das wirkt oft wahre Wunder.

Lenkerinnen mit Charme haben im allgemeinen sogar den "Damenbonus" (außer sie stoßen auf eine unerbittliche Frau Inspektor); ansonst dürfen sie ruhig auch mal ein bißchen Bein zeigen (wenn sie es sich leisten können).
Die freundliche Masche nimmt oft dem grim-

migsten Herrn Inspektor bald den Wind aus den Segeln. Und läßt den Verkehrssünder straflos davonkommen.

Der Grund liegt tief im menschlichen Bereich, in der ganz speziellen Psyche der Polizisten/Gendarmen.

Denn jeder Exekutivbeamte hat sich beim Eintritt in seinen Berufsstand zu meist anderes erträumt: mysteriöse Kriminalfälle aufklären, raffinierte Verbrecher stellen und ihrer gerechten Verurteilung zuführen; Kinder und bedrängte Frauen in letzter Sekunde retten - täglich ein Held sein.
Wenigstens ein bißchen halt.

Cops sind verhinderte Idealisten

Gerade Exekutivbeamte sind Menschen mit einem hohen Idealismuspotential. Sie teilen die Welt - vor allem zu Beginn ihrer Laufbahn - in Gut und Böse, in Weiß und Schwarz.
Die Realität sieht wie immer etwas anders aus. Während die coolen Kommissare im Film stets als Sieger in den Sonnenuntergang fahren, sind die echten Bullen allzu oft in einer unbedankten Rolle.

Gerade Exekutivbeamte sind Menschen mit hohem Idealismuspotential – und werden permanent enttäuscht und frustriert.

Und auch wenn sich das Image der Exekutive in

den letzten fünfzehn Jahren stark gebessert hat – mit dem permanenten Prügelknaben-Dasein hat keiner der hoffnungsvollen Polizeischüler gerechnet.

Der Idealismus wird vom reformbedürftigen Dienst- und Rechts-System täglich schwer gefordert. Und allmählich auch überfordert. Der Gesetzgeber schreibt schon automatisch überall eine Mitwirkungsklausel für die Exekutive hinein (wenn er es nicht vergißt, siehe Kapitel "Du sollst nicht an die Unfehlbarkeit des Staates glauben.").

Vom Rattengesetz bis zur Tannen-Christbaumverordung, vom Falschparken bis zur Intervention bei Familienstreitigkeiten – überall ist die "Höh" zuständig

Vom Rattengesetz bis zur Tannen-Christbaumverordung, vom Falschparken bis zur Intervention bei Familienstreitigkeiten - überall wird zunächst einmal die Polizei/Gendarmerie geholt.

Dazu kommt, daß auch nicht jeder Beamte Krimineller werden kann. Das geht schon von den freien Stellen her gar nicht.
Abgesehen davon sind ja viele Polizisten gerne in Uniform unterwegs.
Als Inbegriff der "Sicherheit und Hilfe", wie der Wahlspruch der Wiener Polizei lautet. Der den "Freund und Helfer" kürzlich offiziell abgelöst hat.

In den meisten Zeitungen liest man von all dem wenig, allenfalls steht einmal etwas über eine

Lebensrettung drin. Es gilt eben nach wie vor "only bad news are good news."

Und so versteckt sich der täglich geprüfte Idealismus der "Bullen" bald hinter einer dicken Schicht Abgeklärtheit und einer besonderen Form des Zynismus.

In Wahrheit haben die Beamten - abgesehen vielleicht mal von Inspektoren Marke Eintreib, die es natürlich auch gibt - nicht unbedingt Freude daran, an einer Kreuzung zwischen vorbeibrausenden Fahrzeugen "Luft zu mischen." Wer regelt schon gerne händisch eine Kreuzung, wenn es doch Ampeln gibt? Und wer steht gerne stundenlang im Straßenstaub, nur um sich mit mürrischen Autofahrern herumzustreiten?

Die Schlupfloch-Spezialisten wissen genau um diesen Umstand Bescheid. Und entwaffnen den gestrengen Herrn Inspektor durch Charme, Verständnis und ein paar verbale Streicheleinheiten.

Straflos ist besser als ratlos

Rechtlich gesehen gibt's die Möglichkeit zu dieser Art Straflosigkeit im Paragraph 21 Verwaltungsstrafgesetz (VStG): nach dieser Bestimmung sind Polizisten und Gendarmen berechtigt, einen Verkehrssünder abzumah-

Nachsicht ist gesetzlich möglich

nen, also nicht zu bestrafen. Aber auch die Behörden können dies tun, obwohl die Anzeige bereits vorliegt.

Dafür muß die Tat "gering und die Folgen unbedeutend" sein. Was natürlich ein weit dehnbarer Begriff ist.
Weiters muß der Fahrzeuglenker mit dem einschreitenden Organ persönlich gesprochen haben, das schuldhafte Vergehen einsehen und sich reumütig zeigen.

Abmahnung jetzt auch beim Autobahn-Pickerl möglich Werden Wissende mit einem abgelaufenen Pickerl am Auto erwischt, so helfen sie sich oft mit Freundlichkeit und treuherzigen Aussagen. Und schinden so häufig einen - straflosen - Termin zum "Nachbessern" heraus.

Was nicht jeder weiß: Das Abzielen auf eine Abmahnung ist übrigens seit kurzem auch beim Autobahnpickerl möglich.
 Wer also ohne die Raubritter-Plakette angetroffen wird, hat ab sofort durchaus auch Chancen, ohne Strafe davonzukommen.
Gevifte Sünder wissen eben: "Wie man in den Wald hineinruft, so ruft der Herr Inspektor."

Einen witzigen Schmäh, der allerdings wirklich nur am Land Chancen hat, erzählt Rudi Straflos junior beim sonntäglichen Mittagstisch:
"Ein Studienkollege von mir fuhr durch eine Ortschaft. Und erblickte einen Beamten, der

die Laserpistole weglegte und das Zeichen zum Anhalten gab. Mein Bekannter reagiert sofort mit fröhlichem Winken - und fuhr weiter. Der Beamte blickte ihm mit gefurchter Stirn nach. Und damit hat es sich gehabt."
"Was, keine Strafe, keine Verfolgungsjagd, keine Anzeige danach?", fragt Susi ungläubig.

Nein, das kann schon passieren. Denn Exekutivbeamte, die am Land sehr viele Leute persönlich kennen, glauben in so einem Fall oft an Freunde, Kollegen und Bekannte ("Bitte wer woar des jetzt...?"). Und zeigen manchmal dann nicht an.

Apropos Haltezeichen: Die Personalknappheit bei der Exekutive führt oft dazu, daß Lenker, die das Zeichen zum Anhalten (absichtlich oder unabsichtlich) übersehen, nicht (sofort) verfolgt werden können.

Personalmangel führt dazu, daß Lenker manchmal nicht verfolgt werden können

Damit ist auch der Lenker nicht bekannt und sobald dann das Verfahren nach dem notierten Kennzeichen läuft, greifen die Schlupfloch-Spezialisten wieder in die Hard-Core-Trickkiste.

Wieder andere signalisieren die "Exekutiv-Freundlichkeit" auch schon von weitem durch diverse Aufkleber polizeinaher Organisationen oder auch den allseits beliebte IPA-Wimpel am Rückspiegel.

Gute Informanten zahlen meist keine Strafe.

Zundgeber zahlen oft keine Strafe. Auch das ist ein logisches Faktum. Denn ohne Informanten wäre Polizeiarbeit - gerade in Zeiten des Lauschangriffs - kaum möglich. Logischerweise steht dann eine kleine Verkehrsübertretung in keiner Relation zu den heißen Tipps, die der Angehaltene "seinem" Kieberer mehr oder weniger regelmäßig steckt. Allerdings haben uniformierte Cops schon genug Fingerspitzengefühl, um "echte" Informanten von Möchtegern-Halbweltlern unterscheiden zu können.

Die bloße Behauptung schützt niemand vor Strafe! Das wissen auch die Schlupfloch-Profis, die sich gar nicht erst auf so etwas Unsicheres verlegen. Wozu auch. Es gibt doch ganz andere Tricks.

Eher kontraproduktiv, so hört man, ist die beliebte Schirmkappe auf der Hutablage. Diesen "Möchtegern"-Verkehrspolizei-Effekt soll man schon da und dort mit besonders genauen Kontrollen bezahlt haben.

Besser funktioniert da schon eine signalrote Sanitäterjacke im Auto – die wirkt angeblich sogar bei den Parksheriffs vom Magistrat. Und die sind ja nicht gerade für's "Augenzudrücken" bekannt...

Interventione, padrone

Es wäre nicht Österreich, wenn es nicht auch die „Österreichische Lösung" für Verkehrsdelikte gäbe.
Die Palette reicht von "mich kennt jeder" über "ich kenne wen" bis zu "ich kenne wen, der wen kennt."
Es gibt keine Garantie dafür, daß es hilft. Aber auch kein Gegenmittel - funktionieren wird es immer wieder, das Intervenieren.

Intervention: keine Garantie, aber auch kein Gegenmittel.

So sagte einmal ein ehemaliger Bürgermeister einer großen Stadt mit tiefer Stimme zu einem jungen Polizisten: "Als Bürgermeister zahle ich sicher keine Strafe. Das würde der Polizeichef nicht überleben."
Ob besoffener Politiker, arrogante TV-Sprecherin, Promi-Model oder ein In-Wirt der als Meister-Proper-Stuntman durchgehen könnte - wer häufig in den Adabei-Rubriken firmiert, hat gute Chancen straflos davonzukommen.

Wer häufig in Adabei-Rubriken firmiert, hat gute Chancen straflos davonzukommen.

Eventuell muß er noch ein Autogramm als Draufgabe dalassen ("Für meine Tochter, Sie verstehen...").
Und wenn man selber nicht prominent genug ist, muß man halt die richtigen Leute kennen.
  Da soll's auch schon vorgekommen sein, daß nach ein paar Telefonaten ein Strafreferent ein falsches Datum eingesetzt hat.
Und so eine hundertprozentige Amtshandlung im Sand verlief.

10. Gebot

Du sollst beim Verkehrsrecht kein Gewissen zeigen

Skrupellos ausgenützt werden Schwächen des Gesetzes zu Härten für die Schwachen.

Es gibt aber auch eine Kehrseite der Verkehrsrechtsmedaille: Skrupellos ausgenützt werden Schwächen des Gesetzes zu Härten für die Schwachen.

Susi Straflos ist unterwegs. Mit ihren neuen Plateauschuhen, auf die sie so stolz ist. Der Familie gefallen die schwarzen Riesendinger ja eher weniger. Opa Straflos fragt jedesmal, wenn er die Böcke im Vorzimmer sieht: "Wer ist denn da mit dem Traktor gekommen?"

Jetzt jedenfalls bummelt Susi stolz die Einkaufstraße entlang, schaut in die Auslagen. Sie will sich doch auch noch eine neue, coole Hose kaufen. Die hier wäre ganz schön, aber der Preis! Hoppla, Susi knickt um, stolpert, kommt zu Sturz.
Zufällig fährt Herr R. gerade im Rollstuhl an ihr vorbei. Sie rappelt sich peinlich berührt auf, die Jacke ist zerissen, der Ellbogen aufgeschunden. "Oh nein, zwei Fingernägel sind auch abgebrochen", jammert Susi.
"Haben Sie sich weh getan?", fragt R. und reicht ihr ihre Tasche, die in seinen Schoß geflogen ist. "Nein, wie kommens' denn darauf", zischt sie und eilt von der Stätte ihrer Niederlage.

Zuhause läßt sie sich von Mama trösten und ein bißchen verarzten. "Auuh", schreit sie jedesmal, wenn die Mama mit der Pinzette einen

kleinen Stein aus der Haut am Ellbogen zupft.
"Wenn da nur keine Narbe bleibt."
Mama Straflos: "Geh, übertreib nur nicht."
Wenn Du heiratest, ist alles wieder gut, will sie noch automatisch anfügen, beißt sich aber gerade noch rechtzeitig auf die Zunge.
"Nur nicht auf blöde Gedanken bringen", denkt sie. "Erst soll Susi einmal die Ausbildung fertig machen. Und überhaupt, der Neue, dieser Carlo ist doch viel zu jung für sie."

Später beim Abendessen, kommt Susi noch einmal auf den Unfall zurück. "Sag einmal, Bruderherz, wer bezahlt mir eigentlich den Schaden?"
Rudi Straflos juniors Ehrgeiz ist geweckt.
"Die Gemeinde, die den Gehsteig errichtet hat, kann man nicht klagen. Der Gehsteig ist schnurgerade, kein Stein darauf. Den Schuherzeuger auch nicht, obwohl er nicht extra auf die Gefahren des Plateauschuh-Gehens hingewiesen hat."
"Braucht man sowieso einen Waffenschein für die Dinger", murmelt Papa Straflos und duckt sich vor der Serviette, die sein Töchterchen nach ihm schmeißt.
Der Junior stützt sein Kinn in die Hand: "Aber was hat eigentlich Herr R. mit seinem Rollstuhl auf dem Gehsteig verloren? Der ist ja eine Gefahr. Das ist die Lösung! Anzeige bei der Polizei. Der ist mit seinem Rollstuhl mit mindestens 10 km/h an dir vorbeigefahren, hat dich

gestreift und so kam es zum Sturz. Ein klassischer Verkehrsunfall."
"Was?", fragt Susi, alle reden aufgeregt durcheinander. „Herr R. hat mich ja gar nicht gestreift."

Der Junior fährt in bester Advokatenmanier ungerührt fort: "Der Herr R. hat Pech. Sein elektrisch betriebener Rollstuhl erreicht tatsächlich eine Geschwindigkeit von 10 km/h. Wenn er bei Gericht zugibt, es eilig gehabt zu haben, ist er geliefert. Natürlich kann er nicht entkräften, daß er mit Vollgas an Susi vorbeigefahren ist, sie gestreift hat und so den Unfall verursacht hat. Körperverletzung, Fahrerflucht und Schadensersatz."

"Das ist arg", sagt Susi erschüttert und befühlt das kleine Pflaster an ihrem Ellbogen.

Wenn das ein Arschloch so durchzieht, hat der Rollstuhlfahrer das Gesetz gegen sich.

"Tja, so ist das Gesetz. Wenn das ein Arschloch so durchzieht, hat der Rollstuhlfahrer das Gesetz gegen sich. Herr R. darf nämlich mit einem Rollstuhl, der schneller als Schrittgeschwindigkeit ist, laut StVO nicht auf dem Gehsteig fahren."

"Was?", ruft Susi entsetzt. "Da müßte er dann mit seinem 10 km/h Tschocherl am Gürtel mit den Autos um die Wette fahren."

"Ja, so ist das eben im Leben", sagen Papa und Sohn Straflos.

"Wißt ihr was?", sagt Susi. "Über so was will ich gar nicht näher nachdenken. Obwohl mein Ellbogen schon noch weh tut."

"Bist heiratest, ist's wieder gut", sagt Papa Straflos. Und weiß gar nicht, warum ihn die Frau Gemahlin so strafend anschaut.

Fieslinge unterwegs

Während die wahren Schlupfloch-Ritter die feine Klinge schwingen und den Behördenapparat ganz gezielt außer Gefecht setzen, gibt es auch "die mit der Brechstange."

Die randalieren sofort los, machen möglichst viel Publikum auf die Amtshandlung aufmerksam, drohen mit hochrangiger Verwandtschaft.

Sie schalten Medien ein, informieren diese einseitig und gießen dort zumeist Öl in eine Glut, die nur zu bereitwillig sofort aufflammt.
Wird der Fall entsprechend aufgebauscht, mischen sich auch gerne noch Politiker ein, die auf diese Weise ein bißchen Kleingeld sammeln wollen (die nächste Wahl kommt ganz bestimmt).

Wird der Fall aufgebauscht, sammeln auch gerne die Politiker ein bißchen Kleingeld – für sich selbst, versteht sich.

Bewährt hat sich in letzter Zeit auch die schriftliche Beschwerde an vorgesetzte Dienststellen. Ob berechtigt oder nicht, ob anonym oder nicht - in jedem Fall setzt so ein Schreiben eine unglaubliche Überprüfungsmaschinerie in Gang.

Ganze Teile eines Behördenapparats können so ganz leicht temporär in Schach gehalten werden.

Apropos temporär.

Eine ganz besondere Sache ist das "Temporäre Unfalltrauma." Experten bezeichnen so den Effekt, wenn sich jemand nach einem Unfall vorübergehend an nichts erinnern kann. Kann ein Beschuldigter das glaubhaft machen, entkommt er dem Vorwurf der Fahrerflucht, des Imstichlassens von Verletzten, des alkoholisierten Fahrens ...

Wer ein "Temporäres Unfalltrauma" glaubhaft machen kann, bleibt straflos.

Wenn dieses Beispiel Schule macht, dann können wir den Laden ja gleich zusperren, werden jetzt Fritz Absolut & Co sagen.

Stimmt. Und es kann dadurch sehr schlimm kommen (siehe auch die "Arschloch-Tricks" weiter unten).

So unglaublich der eine oder andere bisher erwähnte Schmäh dir, lieber Kraftfahrer, auch vorkommen mag, es gibt noch mehr davon. Und alle wurden und werden von österreichischen Kraftfahrern verwendet und ausgenützt. Sie alle stützen sich auf die Löchrigkeit, Unübersichtlichkeit und Entartung des Rechts-Systems.

Weil es unter den Schlupflochkennern aber

eben nicht nur kleine Verkehrssünder gibt, die sich nicht mehr abzocken lassen wollen, sondern auch ganz skrupellose Gesellen, die die Gesetzesschwäche beinhart für ihr egoistisches Treiben nützen, kann es sehr dramatische und tragische Situationen geben.

Der Arschloch-Trick I

Die Runde alter Saufkumpanen sitzt wie jede Woche beim Heurigen.
Alle sind bereits "fett wie die russische Erde", wie es Leo "Lucky" Straflos volksnah ausdrücken würde.
Ferdinand A., genannt der "Maschenferdl", will noch auf einen Sprung zu seiner Freundin fahren. Deren Mann ist gerade auf Dienstreise, wie sie A. verheißungsvoll auf die Mobilbox gehaucht hat.

So verabschiedet er sich mit dem Scherzchen "Tragt's mich ins Auto, dann ich führ' ich Euch heim" und verläßt – mit vermutlich mehr als 2,5 Promille – das Lokal.

"Tragt's mich ins Auto, ich führ' Euch heim..."

Fünfzehn Minuten später brettert Ferdl mit seinem Mercedes bei Rot in eine Kreuzung und kracht gegen das Auto von L., indem sich vier Personen befinden.
Zwei sind schwer verletzt, zwei kommen mit dem Schrecken und leichten Verletzungen davon.

Der besoffene A. erkennt seine Schuld. Und er weiß, daß er bei einer Verweigerung des Alkotestes so behandelt wird, als ob er alkoholisiert gewesen sei. Also steckt er jetzt ordentlich in der Klemme.
Und so greift zu einer List, die er von einem Verkehrsjuristen kennt.
Er läßt sich aufs Lenkrad fallen und stellt sich bewußtlos.

Er greift zu einer List und stellt sich bewußtlos.

Wenige Minuten später trifft ein Funkwagen mit Blaulicht ein. Die Inspektoren Eintreib und Ehrlich sind heillos überfordert mit fünf Verletzten.

Zum Glück kommen Minuten später bereits zwei Rettungen. Die beiden Schwerverletzten und der noch immer "bewußtlose" A. werden mit Tatütata weggebracht.

Die Beamten haben alle Hände voll zu tun, den Verkehr zu regeln, weitere Unfälle im Gefahrenstellenbereich zu verhindern. (Vor allem in ländlichen Gegenden steht meist nicht mehr als ein Streifenfahrzeuge für derartige Unfälle zur Verfügung).

Der durch den Unfall blitzartig ernüchterte A. weiß das und bereitet seinen Absprung vor. Bereits in der Rettung wird "Maschenferdl" wie durch ein Wunder munter und fühlt sich gleich wieder viel besser.

Im Krankenhaus angekommen sieht er, daß kein Beamter mitgefahren ist, Personalmangel eben.
Ferdinand A. erklärt den Rettungsleuten eindringlich, daß er unbedingt zum Unfallsort zurückmüsse, auch gehen könne und nicht ernsthaft verletzt sei.

Er unterschreibt einen Revers, läßt sich ein Taxi kommen und fährt.
Die Rettungsleute haben keinen Grund – und auch keine gesetzliche Handhabe – um ihn zurückzuhalten.

Kein Grund und keine gesetzliche Handhabe um ihn zurückzuhalten

Kurz darauf taumelt er wieder zu seinen Zechkumpanen beim Heurigen hinein.

"Na, schon wieder da? Des woar aber a kurzer Abstecher." Brüllendes Gelächter, großes Hallo und der Ferdinand ist schon wieder aufgenommen in die Runde.

Und nun setzt er zum letzten Streich der verkehrsjuristisch empfohlenen Taktik an: "Ich weiß nimmer, wo mein Auto parkt", erzählt er den verwunderten Genossen. Nach längerer Suche habe er sich entschlossen, halt statt dem geplanten Schäferstündchen mit ihnen noch ein Achterl zu heben. "Ist ja sowieso viel lustiger..."

Monate später können alle Zechkumpanen dann

> **Zeugen können alles bestätigen**

ruhigen Gewissens bestätigen, dass A. seltsam wirre Angaben gemacht hatte und der Meinung war, er hätte nicht einmal sein Auto gefunden. Und sein Anwalt wird argumentieren: Verkehrsunfalltrauma, Freispruch in allen Punkten. Keine Fahrerflucht, kein alkoholbeeinträchtigtes Lenken eines Fahrzeuges, kein Imstichlassen eines Verletzten.
Und mangels Zeugen, die sich konkret erinnern können, wer tatsächlich bei Rot in die Kreuzung eingefahren ist, keine Schuld am Unfall. Straflos davon gekommen.

So ein Arschloch, meinst Du, lieber Kraftfahrer? Oder denkst du, das ist zu weit hergeholt?

Keineswegs: Denn erst kürzlich paukte ein Anwalt einen Alko-Unfalllenker, der auch noch Fahrerflucht begangen hatte, aus einem schier aussichtslosen Verfahren:

> **So ein Trauma: Ausgebeulte Windschutzscheibe, wirre Telefonate – straflos**

Der Unfalllenker war zwar nicht verletzt worden, dennoch bestand der Anwalt darauf, daß sein Mandant ein Trauma erlitten hatte.
Als Beweise führte er eine ausgebeulte Windschutzscheibe - der Lenker sei dort mit dem Kopf aufgeprallt - und wirre Telefonate in der Zeit danach (natürlich durch Zeugenaussagen belegt) an.
Das Gericht war offenbar ob dieser Begründung dermaßen perplex, daß es den Angeklag-

ten freisprach.

Und wer glaubt, daß es jetzt kaum mehr eine Steigerung gäbe, der hat weit gefehlt. Wieder ist nämlich eine Schwäche der Rechtslage Steigbügelhalter für Schlupfloch-Piraten:

So ist die Blutabnahme an einem Bewußtlosen verfassungswidrig. Das Recht auf Achtung des Privatlebens (Artikel 8/1 MRK) wird verletzt, wie der VfGH am 6.12.1988 mit 1092/87-6 festgestellt hat.

Blutabnahme an einem Bewußtlosen ist verfassungswidrig

Der Arschloch-Trick II

Ferdinand A. sitzt Monate später wieder bei seiner Heurigenrunde.
Als die Rede auf Fahren in alkoholisiertem Zustand kommt, beugt sich der Maschenferdl verschwörerisch vor: "Ich erzähl euch jetzt was. Aber - psst, nicht weitersagen."

Dann blickt er sich zweimal verstohlen um, ehe er seinen gespannt lauschenden Freunden seine neueste Schlupfloch-Technik erzählt.

"Wenn's mich besoffen anhalten, steig' ich aus dem Auto aus, stolpere und fall' hin. Dann bleib ich wie bewußtlos liegen. Die Kieberei hat keine andere Wahl als die Rettung zu holen. Die führt mich ins Spital. Dort werde ich untersucht und - da keiner aus meinem Zustand schlau wird – für die Nacht ins Krankenhaus eingewiesen. Die Beamten dürfen einem Bewußtlosen kein Blut abnehmen lassen, das verbieten die Menschenrechte. Das Blut, das mir die Ärzte aus medizinischen Gründen abgenommen haben, darf für die Alkoholuntersuchung nicht verwendet werden. Und die Alkoholuntersuchung verweigert hab ich auch nicht, ich war ja bewußtlos. Das bedeutet, liebe Freunde, keine Strafe, prost. I sag's ja immer - ein Arschloch muß man sein."

> **Blut, aus medizinischen Gründen abgenommen, darf für die Alkoholuntersuchung nicht verwendet werden.**

Die Bestimmung um die untersagte Blutabnahme hat allerdings noch einen ganz anderen, oft weit schlimmeren Effekt:

Wenn Recht zum Unrecht wird

.".. Das bedeutet, liebe Freunde, keine Strafe, prost. I sag's ja immer - ein Arschloch muß man sein...." Brüllendes Gelächter nach den Ausführungen des "Maschenferdl's", Schulterklopfen, Zuprosten, alle reden durcheinander.

Thomas L., ein junger Sportlehrer und zweifacher Familienvater, der eher zufällig in diese Runde geraten ist, lehnt sich schockiert zurück.
Gibt es wirklich Alkolenker, die dermaßen unmoralisch agieren?
Denen ganz egal ist, was für Folgen ihr Treiben hat. Die sich gerade deshalb so aufführen,

weil sie wissen, was sie tun müssen, damit ihnen nix passiert?
L. blickt sich um im Lokal. In das er überhaupt nur gegangen ist, weil er es zu Hause nicht mehr ausgehalten hat.

Grund: ein Streit, den seine Frau Elisabeth und er schon seit Monaten führen, ist neuerlich eskaliert. Sie will ein drittes Kind, er hat Angst, daß er mit seinem Lehrergehalt da nicht mehr mitkommt.
Elisabeth, das sonnige Gemüt, die Positivdenkerin. Die Frau, die ihm soviel Kraft gibt. Die Frau, die er so liebt.
Plötzlich hält er es nicht mehr aus in der Runde grölender Kerle; er will so schnell wie möglich heim. Will ihr sagen, daß er es sich überlegt hat. Daß es schon irgendwie gehen wird.
Er zahlt sein Obi gespritzt und verläßt das Gasthaus.

Das Verhängnis naht drei Straßen weiter von rechts. Der 71jährige Pensionist Karl H., der gerade mit seinem Auto von einem Heurigen kommt. Thomas L. sieht gedankenverloren die Ampel blinken, gibt Gas und fährt bei Gelb noch über die Kreuzung.

Das Verhängnis naht drei Straßen weiter.

Ob Karl H. schon mit Grün gerechnet hat oder die Ampel gar nicht wahrgenommen hat, wird nie mehr geklärt werden können. Beim unvermeidlichen Zusammenstoß stirbt der Pensionist eingeklemmt in den Trümmern seines Autos.

Bei Toten ist es wie bei Bewußtlosen: es darf kein Blut abgenommen werden, um den Alkoholgehalt festzustellen.

Hätte bewiesen werden können, daß der andere stockbesoffen war, hätte die Verschuldensfrage ganz anders ausgesehen. Darüber kann der Papa nun nachdenken – in der Haft...

Hätte bewiesen werden können, daß Karl H. stockbesoffen war, hätte die Beurteilung der Verschuldensfrage ganz anders ausgesehen. Dann wäre der - nüchterne - Thomas L. möglicherweise am Unfall schuldlos gewesen.

In diesem Fall aber gilt er am Unfall als gleich schuldig beteiligt. Er muß daher die Hälfte des Schadens bezahlen, kommt ins Malus.
Monate später wird Thomas L. vor Gericht verurteilt werden. Wegen fahrlässiger Tötung.
Wie soll er das seiner Familie erklären. Und seinem dritten Kind. Das genau dann auf die Welt kommen wird, wenn der Papa seine Haftstrafe antreten gehen muß...

Zum Ausklang

Das Leben geht weiter. Und mit ihm der tägliche Wahnsinn auf Österreichs Straßen. Weitere Gesetze werden verbrochen, alte nachgebessert und verkompliziert. Schlupfloch-Sucher kommen täglich auf neue Ideen. Und die Exekutive muß weiter mit dieser Situation - und sich selbst – fertig werden.

Der Dienststellenkommandant: "So, meine Herren. Ab in den Außendienst. Systematische Verkehrskontrolle auf der Hauptstraße, Schwerpunkt Reifen. Und denkt's dran. Ein guter Beamter erhält sich selbst."

Ein guter Beamter erhält sich selbst. Oder?

Ehrlich: "Du, Eintreib, wo bleibst denn. Der Alte ist schon wieder nervös, weil der neue Generalinspektor heute Dienst hat."

"Ich komm gleich, ich schau mir nur noch einmal die Bestimmungen über die Reifen an. Zum Beispiel über die sogenannten ‚den Luftreifen gleichwertige Reifen'. Da steht, daß die Autofahrer hinsichtlich der Elastizität den Luftreifen gleichwertige Reifen verwenden dürfen, verstehst."
"Ich versteh überhaupt nix", gesteht Inspektor Ehrlich.
"Is ja wurscht. Jedenfalls krieg ma da sicher a paar Autofahrer dran, weil das weiß doch kein

Hund."

"Da wär ich mir nicht so sicher", meint Ehrlich tiefsinnig.

"So, da hab ich's. Ein Reifen gilt als einem Luftreifen gleichwertig, wenn sich seine lineare Eindrückung in radialer Richtung durch einen parallel zur Reifenachse eingestellten zylindrischen festen Körper von 100 mm Durchmesser bei der Verdopplung einer radial wirkenden Anpresskraft von 1000 N je 1 cm Reifenbreite, gemessen an der Auflagefläche des Reifens auf der Felge, ändert: Bei einem Außendurchmesser des Reifens von 590 Millimeter bis 650 Millimeter um 13,4 Millimeter und so weiter und so weiter. Du, Ehrlich?"

"Ja", sagt Ehrlich, der gerade angelegentlich seine Fingernägel betrachtet, während er im Kopf überschlägt, wie lange er gemeinsam mit Eintreib Dienst schieben muß.

"Sag, hast Du eine Idee, wie wir das kontrollieren können?"

Ehrlich schaut langsam auf. "Eintreib?"

"Ja?"

"Leck mich."

"Wie bitte, hab ich richtig gehört!", schreit Eintreib. "Ich glaub, ich muß dem Chef einen Bericht erstatten. Gleich mit Durchschrift an den General. Der wart' ja nur auf sowas..."

Meldung mit Durchschrift an den General. Der wartet nur auf so etwas...

Fritz Absolut, der wackere Herr Strafreferent, sitzt an seinem Schreibtisch; das

Gesicht in beide Hände vergraben. Ilona, die gerade hereinkommt, um sauberzumachen, hört wie er leise vor sich hinjammert: "Ich halt das alles bald nimmer aus, ich halt ..."
"Aberrr, Herrr Rrreferrrent, was soll denn das", sagt sie vorwurfsvoll, als sie den übervollen Aschenbecher am Tisch entdeckt.

Fritz Absolut strafft sich, hüstelt und räuspert sich. "Hab mir wohl eine Erkältung eingefangen oder so was."
"Aha, Sie arrrmerrr Maahn", sagt Ilona und lächelt fein.
Fritz Absolut, dem irgendwie plötzlich ganz heiß geworden ist, steht auf und flüchtet um den Tisch.
"Wollen Sie ungarrrisch Medizin?", fragt Ilona und greift zu ihrem Rock hinunter.
"Ja, äh, nein, ich meine natürlich, äh, nicht. Mir geht es schon wieder viel besser, lassen Sie nur, Frau Ilona."

Ilona hat sich unterdessen einen Flachmann aus einer Schürzentasche geholt und flugs aufgeschraubt. "Da kosten Sie nurrr, das schmeckt gut. Hab ich an die Wochenende mitgebrrrracht. Von drrrieben ", fügt sie hinzu und leckt sich über die Lippen. "Von Trieben?", fragt Absolut entgeistert.
"Ja, von Ungarrrn drrrieben", erklärt Ilona und macht sich wieder ans Reinigungswerk.
Absolut lehnt sich an den Aktenschrank und

schließt die Augen.
Ilona hält inne: "Was ist denn wirrrklich los mit Ihnen, mirrr kennen sie doch sagen."

Absolut will schon abwehren, entscheidet sich dann doch anders und setzt sich hin: "Wissen Sie, Frau Ilona, Sie werden es nicht glauben. Das, was im Computerzeitalter in anderen Ländern, wahrscheinlich sogar in Ungarn schon gang und gäbe ist, nämlich eine angepaßte Vernetzung der Büroorganisation in den Ämtern, bringen sie bei uns einfach nicht zusammen."
Vor lauter Aufregung packt Absolut Ilonas Hand: "Wir sind wieder in der Steinzeit angelangt."
"Soso, in der Steinzeit seid ihr angelangt", sagt Inspektor Eintreib, der gerade in diesem Moment ohne anzuklopfen in den Amtsraum kommt, anzüglich grinsend. "Na servas, und nach Schnaps riecht's da auch."
Peinlich berührt, läßt Absolut Ilonas Händchen los :"Nein, nein. Es ist nicht so, wie es jetzt aussieht. Äh, es, äh, Ilona, wenn Sie den Herrn Inspektor und mich jetzt ganz alleine lassen könnten?"
"Alleine? Aahh, ich verrrstehe", sagt Ilona mit verächtlichem Seitenblick und rauscht aus dem Zimmer.
"Ilona, nein, äh warten Sie..."
Eintreib: "Fritzl, Du bist ja schon wieder einmal total aus dem Häuschen. Und alles nur wegen dem Spatz aus Budapest!"

"Schön wär's, mein Freund", seufzt Absolut resigniert. "Es ist viel trauriger."
"Schon wieder ein neuer Schlupfloch-Schmäh?"
Absolut nickt nur.
"Geht wie?", fragt Eintreib tonlos.

Der Strafreferent: "Ein Typ kriegt von uns eine Lenkererhebung. Die gibt er dann nicht am Postweg, sondern in irgend einem Wachzimmer ab. Vollständig ausgefüllt, allerdings schreibt er keine Geschäftszahl drauf. Die weiß er leider nicht, behauptet er. Er läßt sich die Abgabe des Schriftstückes bestätigen. Somit ist er seiner Verpflichtung der Lenkerauskunft nachgekommen und fein raus. Die Behörde kann aber die Lenkerauskunft keinem Akt zuordnen, da sie die Protokollführung nicht per EDV so bearbeitet, daß sie den dazugehörigen Strafakt finden könnte. Und so kann der entgegennehmende Polizeibeamte die Akte nicht zusammenführen, weil ... "

"Weil das ganze System wieder einmal für den Arsch ist", ergänzt Inspektor Eintreib und setzt sich langsam nieder: "Hast für mich auch einen Schnaps?"

Lenkererhebung gegen Bestätigung im Wachzimmer abgegeben. Wenn die Geschäftszahl fehlt, ist die Behörde unfähig die Akte zu finden...

Die Familie Straflos sitzt im Wohnzimmer beisammen. Man unterhält sich soeben über jene neuen Geräte, die es der österreichischen Exekutive ermöglichen sollen, den eingehaltenen Abstand zwischen zwei Fahrzeugen festzustellen. Um nach dem Vorbild der Bundesrepublik Deutschland gegen Lenker vorzugehen, die den vorgeschriebenen Mindestabstand nicht einhalten.

Wie groß muß der Mindestabstand sein.

"Aber wie groß muß dieser Mindestabstand sein?", fragt Emma Straflos gerade.
"Laut StVO ist vorgeschrieben, daß der Lenker eines Fahrzeuges stets einen solchen Abstand vom nächsten vor ihm fahrenden Fahrzeug halten muß, daß ihm jederzeit das rechtzeitige Anhalten möglich ist, auch wenn das vordere Fahrzeug plötzlich abbremst", doziert die Susi, glücklich heute die Führerscheinprüfung bestanden zu haben.
"Somit ist der Mindestabstand aber nicht genau gesetzlich festgeschrieben, oder?", meint Vater Straflos und schaut seinen gescheiten Filius fragend an.

"Es gibt dazu kaum noch Judikatur", überlegt der Junior. "Aber eines ist sicher: es läßt sich kaum sagen, wie lange die Reaktionszeit tatsächlich dauert."

Wie lange ist die Reaktionszeit?

"So eine Reaktionszeit kann ganz schön verschieden lang sein", steuert Onkel Leo aus eigener Erfahrung bei.

"Zeigt's kurze Reaktionszeiten und hebt's die Arme. Ich will fürs Abendessen aufdecken", ordnet Mama Straflos behördlich an.

"Außerdem", sagt Straflos senior, "stellt sich die Frage, wie lange der Bremsweg des vorderen Fahrzeuges im Vergleich zum eigenen ist. So kann es durchaus möglich sein, daß der hintere Wagen mit ABS wesentlich schneller bremst als der vordere."

Und was ist bei ABS?

"Vor allem wenn der ohne ABS, dafür mit mäßigen Bremsen unterwegs ist", ergänzt der Herr Sohn grinsend. "Auf die höchstgerichtlichen Entscheidungen wegen Einsprüchen nach den ersten Schwerpunktaktionen bin ich schon gespannt."
"Gut, daß ich jetzt endlich den Führerschein hab", sagt Susi Straflos. "Da kann ich auch mitmischen bei solchen Gesetzes-Schwächen. Ich freu mich schon."
"Ich auch", lächelt sich Opa Straflos. "Dann kommen wieder gute Novellierungen. Für meine Sammlung ..."

Anhang: Aus Opas Sammlung

Susi Straflos hat ihren Führerschein geschafft. Endlich. (Auch das Redaktionsteam gratuliert recht herzlich dazu und wünscht viel Spaß mit dem neuen Honda Prelude. In metallicblau.)

Nicht unmaßgeblich beteiligt war wohl auch Opa Straflos, der sie beständig mit seinen ganz speziellen Gesetzesstellen bombardierte – und mit der Parisreise köderte.
Wer auch ein bißchen vom ganz normalen Wahnsinn aus österreichischem (Verkehrs-)Recht abkriegen will, ist herzlich dazu eingeladen auch unser letztes Kapitel zu lesen.

"Susi, wie schnell darf man mit Kraftwagen oder Sattelkraftfahrzeugen mit einem höchst zulässigen Gesamtgewicht von mehr als 3,5 Tonnen, allerdings nicht mit einem Omnibus fahren?"
"70 Stundenkilometer, Opa. Hast mich letztes Mal schon gefragt."
"Richtig. Und das Ganze auf der Autobahn?"
"80, Opa."
"Sehr gut. Dann weißt Du sicher auch, wie das auf einer Transitautobahn in der Nacht aus-

sieht ? Naa?"
."......?"
"Weißt Du nicht. Macht nichts; ist auch der Behörde nicht ganz klar. Denn einerseits gilt 60km/h, andererseits finden sich dort 80km/h Beschränkungen, also eine Erhöhung von 60 auf 80 km/h. Probieren wir was anders. Mit dem Omnibus?"
"80 km/h, außer auf der Autobahn, da gilt 100, Opa."
"Und in der Nacht auf einer Transitautobahn?"
"Gähn..."
"Macht nichts, man kann ja nicht alles wissen. Was anderes. Du darfst mit Kraftfahrzeugen und Anhängern mit Spikesreifen wie schnell fahren?"
"80, Opa."
"Das Ganze auf der Autobahn?"
"Mmmh..."
"Richtig 100 km/h. Mit einem nicht zum Verkehr zugelassenen Anhänger ?"
"10 km/h, Opa."
"Bravo. Und auf Autobahnen ?"
"Dort darf ich gar nicht damit fahren, Opa."
"Ähh, ja , richtig. Wie ist es aber beim Ziehen von Anhängern, mit denen Wirtschaftsfuhren mit über die äußersten Punkte des Fahrzeuges hinausragender Ladung durchgeführt werden?"
"...???"
"Naa? 20km/h, das sollte man schon wissen, steht ja deutlich im Gesetz."
Er blättert weiter.

"Wie schnell darfst mit einer Ladung Großvieh unterwegs sein?"
"Na, wahrscheinlich 80."
"Nein, nur 50 km/h. "
"Was? Na, das sind vielleicht Tierquäler. Nur 50 km/h dürfen diese Transporter dahinschleichen. Warum, damit die armen Viecher so richtig lange im Auto mitfahren müssen, bis sie endlich zum Schlachthof kommen ...?"
"Wenn es dich beruhigt Susi", sagt Opa begütigend. "Wenn Du mit Henderln unterwegs bis, darfst eh schneller fahren."
"Na eh klar", regt sich Susi auf. "Die Henderln leben nicht solange wie die Rindsviecher, mit denen beeilen sie sich, daß sie noch leben, wenn's zum Schlachthof fahren."

Beim-Großvieh-transport darf man 50, mit Henderln 100 km/h fahren...

> Schülerinnen gibt's nicht im Gesetz. Dafür darf man mit mehr als acht Schülern schneller fahren als mit weniger als acht. Und mit genau acht???

"Weil Du gerade von Henderln redest, Susi. Ist dir aufgefallen, daß im Gesetz nichts darüber steht, wie schnell man mit Schülerinnen fahren darf. Wohl aber mit Schülern."

"Nein, ist mir nicht aufgefallen.", sagt Susi, die noch immer ein wenig wütend ist. "Würde denen ähnlich sehen, wenn Schülerinnen gar nicht mit fahren dürfen."

"Hihihi, da hast Du recht. Aber jetzt weiter. Schülertransport mit geschlossenem Personen- oder Kombinationskraftwagen, bei denen mehr als acht Schüler befördert werden. Wie schnell darfst Du fahren?"

"Opa, ach..."

"Achtzig, richtig, mein Kind. Übrigens, je mehr Schüler, desto schneller darf man offenbar fahren. Mit neun Schülern auf der Autobahn darf man zum Beispiel 100 km/h fahren."

"..."

"Gut, wechseln wir das Thema. Wie schnell darfst Du fahren, wenn Du einen anderen als leichten Anhänger ziehst, dessen höchstes zulässiges Gesamtgewicht das Eigengewicht des Zugfahrzeuges nicht übersteigt, wenn die Summe der höchsten zulässigen Gesamtgewichte beider Fahrzeuge 3,5 Tonnen nicht übersteigt ?"

"..."

"Naaa? Susi? Susi? Suuusi! Jetzt schläft die mir doch glatt ein. Dabei hab ich doch noch viel mehr in meiner Sammlung ..."

Gesetzes-Konkurrenzen nehmen übrigens auch in anderen Gebieten kasperltheaterreife Ausmaße an.
Opa Straflos hat ein paar Gustostückerl als "Fremdobjekte" in seiner Sammlung. Zwei hat er uns davon gezeigt:

Wird ein Ausländer aus der U-Haft abgeschoben, hat er in Österreich ein Aufenthaltsverbot. Gleichzeitig aber wird er per Haftbefehl gesucht, weil er nicht freiwillig bei Gericht erscheint.

Im Gebührengesetz gibt es bei genauer Auslegung den uralten Streit um Huhn oder Ei. Denn in diesem Gesetz widersprechen sich Formulierungen derart, daß sture Beamte an der Frage scheitern müssen, ob das beantragte Dokument (Paß, Führerschein) jetzt v o r dem Bezahlen der Gebühr ausgehändigt werden soll oder d a n a c h.

Was war früher: Huhn oder Ei?

Und wie sieht's aus bei Gebühr und Dokument?

Die mit großem Tamtam und einer (steuergeldbezahlten) Schickeria-Party beendete österreichische Stempelmarken-Mania mag zwar offiziell der Vergangenheit angehören.
In der Praxis hat sie allerdings böse Nachwehen, die vor allem der Bürger zu spüren kriegt: denn es ist noch nicht überall geregelt, wie denn die Gebühren nun genau zu bezahlen sind. Bei manchen Behörden scheitert es auch ein-

Behörden ohne Verrechnungskonto

fach daran, daß noch kein Verrechnungskonto (mit der Finanz) dafür eingerichtet ist. Und so muß die Amtskundschaft manchmal erst wieder von Trafik zu Trafik pilgern – in der Hoffnung, doch noch irgendwo einen Haufen zerwutzelter Restbestände von den papierenen k.u.k. Überbleibseln aufzutreiben.

Für Motorradfahrer.
Und andere, die es nicht glauben können.

"Du Susi, wenn Du einen gebrauchten Sturzhelm kaufst und keine Prüfnummer drauf ist, wie weißt Du dann, ob er bewilligt ist."
"Ganz einfach Opa, das steht im Paragraph 1e KDV."
"Gut, aber was steht dort genau?"
"Geh, Opa, muß das sein?"
"Ja. Du willst ja den Führerschein machen, oder nicht?"
"Ja, aber..."

Sturzhelm: Die Lehre von äußeren Gehörgängen und knöchernen Augenhöhlen...

"Nix, aber. Sag mir jetzt die Bestimmung und fertig. So schwierig ist da ja wirklich nicht."
"Na gut", seufzt Susi, schließt die Augen und leiert dann los: "Sturzhelme müssen soweit als möglich den über der Höhe der äußeren Gehörgänge und über dem unteren Rand der knöchernen Augenhöhlen liegenden Teil des Kopfes des

Trägers des Helmes gegen Stöße bei Aufprallen des Kopfes auf Hindernisse schützen. Sturzhelme müssen eine harte Helmschale mit glatten Außenflächen ohne Versteifungsrippen und im Inneren der Helmschale eine Einrichtung zur Aufnahme von Schlagenergie sowie eine Tragevorrichtung zum Festhalten des Helmes auf dem Kopf des Trägers aufweisen. Die zur Aufnahme der Schlagenergie dienenden Teile des Helmes müssen so ausgebildet sein dass die durch sie auf den Kopf des Trägers übertragenen Stöße gemildert und nicht konzentriert werden. An der Außenseite des Helmes liegende Teile dürfen um nicht mehr als 3 mm über die Außenfläche der Helmschale hervorstehen. Befestigungs-Vorrichtungen für Schutzbrillen dürfen jedoch um nicht mehr als 5 mm über die Außenfläche des Helmschale hervorragen, wenn sie nach hinten ausgehakt werden können. Dieser Wert darf überschritten werden, wenn sich die Befestigungsvorrichtungen unter einer geringen Tangentialbelastung von der Helmschale ablösen. Nietköpfe dürfen um nicht mehr als 1,6 mm über die Außenfläche oder die Innenfläche der Helmschale hervorragen und keine scharfen Ränder haben. Im Inneren des Helmes dürfen keine starren Teile vorspringen, durch die bei einem Aufprall der Kopf des Benützers verletzt werden kann. Die außen vorspringen Teile müssen glatt sein und an die ihnen benachbarten Flächen ohne scharfe Kanten anschließen. Die

„Im Inneren des Helmes dürfen keine starren Teile vorspringen, durch die bei einem Aufprall der Kopf des Benützers verletzt werden kann." Ah ja...

Kanten des Helmes müssen glatt und abgerundet sein. Die Vorderkante des Helmes darf das Tragen von Schutzbrillen nicht behindern. Der Helm darf weder das Hörvermögen des Trägers, noch das Gesichtsfeld in gefährlicher Weise vermindern. Mit dem Helm verbundene Gegenstände, wie Augenschirme müssen so beschaffen sein, daß sie das Ausmaß von Verletzungen des Trägers nicht erhöhen.

Die Tragevorrichtung muß aus einer dem Kopf des Trägers im oberen Bereich des Hirnschädels umgebenden Wiege und einem Kinnriemen mit mindestens 20 mm Breite bestehen, die mit der Helmschale fest verbunden ist. Die Befestigungsvorrichtungen dieser Teile an der Helmschale müssen gegen Beschädigung durch Abscheuerung gesichert sein. Die Teile der Tragvorrichtungen, die an der Haut des Trägers anliegen, dürfen keine Reizung oder Schädigung der Haut erwarten lassen.

„Die für den Sturzhelm verwendeten Stoffe dürfen bei Berührung mit der Haut, unter Einwirkung von Schweiß oder kosmetischen Mitteln keinen wesentlichen Änderungen ihrer Eigenschaften unterliegen"

Die für den Sturzhelm verwendeten Stoffe müssen dauerhaft sein, sie dürfen auch unter Einwirkung von Regen, Kälte, Staub und Schwingungen, unter dem Einfluß von Sonnenlicht, bei Berührung mit der Haut des Trägers, unter Einwirkung von Schweiß oder von auf die Haut oder die Haare aufgebrachten kosmetischen oder pharmazeutischen Mitteln keinen wesentlichen Änderungen ihrer Eigenschaften unterliegen. Die Temperatur in dem Raum zwischen dem Kopf und der Helmschale darf bei üblicher Benützung des Helmes nicht stark ansteigen können."

Röchelnd holt Susi Atem, der Opa schaut sie ganz stolz über seine Brillengläser hinweg an. "Das ist eben meine Enkelin", denkt er bei sich.

Zu ihr sagt er aber dann in strengem Ton: "Nicht schlecht für den Anfang. Aber keine Regel ohne Ausnahme: Sturzhelme sind von dieser Bestimmung ausgenommen und dürfen trotzdem verwendet werden, wenn sie vor dem 1.10.1972 bereits einer genehmigten Type angehörten."

"Ach Opa", seufzt Susi. "Haben das wirklich alle lernen müssen, die den Führerschein gemacht haben?"

"Ja, natürlich", behauptet der Opa kaltblütig und verbirgt den Schalk in den Augen hinter dem Gesetzbuch.

Familie Straflos
Einsparplan 1999

Papas Weihnachtsstrafzettel, Ausländertrick	300.-
Fahrverbot Treppelweg Susi/Rudi, Behördenunzuständigkeit je	500.-
Freilaufender Paragraph, Unzuständigkeit bei Hundeverordnung	700.-
Mama Falschparken, Strafzettel vom Nachbarauto	300,-
Mama in transportabl. HV, fehlende Geschäftszahl	500.-
Mama Falschparken vor Schutzweg, Fehler in Strafverfügung	800.-
Rudi Hupverbot, Monicas Body	200.-
Susi Anhaltung mißachtet, Formalfehler in Anzeige	900.-
Onkel Leo Mittelstreifen, Fehler in Strafverfügung	800.-
Papa Kurzparkzone, „Bitte nicht so schnell"-Tafel auf Kurzpark-Zonen-Ständer	300.-
Onkel Leo Schnellfahren, Zustelltrick	1.200.-
Rudi junior 90 km/h im Ort, fehlende Ortstafel	2.500.-
Gesamt Ersparnis	**9.500.-S**
Josef Kleindienst, neues Buch	398.-
Gesamt Ausgaben	**398.-S**
Babys Sparbuch Überwiesen	9.102.-S

Notizen

Notizen

Notizen